华大博雅 出版基金

华中师范大学出版基金丛书
学 术 著 作 系 列

自闭症儿童体育活动指导

沈波 卜瑾 著

CBJJ

華中師範大学出版社

新出图证（鄂）字 10 号

图书在版编目（CIP）数据

自闭症儿童体育活动指导/沈波，卜瑾主编. --武汉：华中师范大学出版社，2024.8

ISBN 978-7-5769-0074-3

Ⅰ.①自… Ⅱ.①沈… ②卜… Ⅲ.①孤独症—儿童教育—体育教育—研究 Ⅳ.①G766

中国国家版本馆 CIP 数据核字（2023）第 012115 号

自闭症儿童体育活动指导

ZIBIZHENG ERTONG TIYU HUODONG ZHIDAO

©沈 波 卜 瑾 主编

责任编辑：向 力 **责任校对**：骆 宏 **封面设计**：罗明波

编辑室：综合（数字）出版分社 **电话**：027-67867792

出版发行：华中师范大学出版社

社址：湖北省武汉市洪山区珞喻路 152 号 **邮编**：430079

电话：027-67861549（发行部） **网址**：https://press.ccnu.edu.cn

印刷：武汉中科兴业印务有限公司 **督印**：刘 敏

字数：160 千字

开本：710 mm×1000 mm 1/16 **印张**：9.25

版次：2024 年 8 月第 1 版 **印次**：2024 年 8 月第 1 次印刷

定价：49.00 元

欢迎上网查询、购书

编委会

主　编：沈　波　卜　瑾

参　编：庞艳丽　董良山　宋　玉

张敏婷　向　源

前　言

自闭症儿童具有社会交往与沟通障碍、狭隘兴趣及重复刻板行为。近年来，不断攀升的发病率不仅使公共卫生面临巨大挑战，而且给自闭症儿童家庭与儿童个人带来巨大负担。尽管自闭症儿童经常显现出笨拙的动作行为和基本运动技能发展迟缓，但运动障碍在传统上并不被认为是自闭症的核心缺陷。然而，最近研究显示运动障碍是自闭症的基本症状，并且和核心症状（社交、沟通障碍）密切相关，未经治疗的运动障碍可以持续地进入青春期和成年期，并导致自闭症儿童长期的身体、心理和行为问题。鉴于此，推广行之有效的运动动作干预教育方案就有了它的必要性，受惠儿童不仅包括那些已被明确诊断为自闭症的儿童，还包括有自闭倾向的儿童及有其他运动障碍的儿童。

在与体育教师和康复机构教师的交流中，我们发现大部分教师对自闭症儿童身体运动特性仅有笼统概念，并不知道该如何设计与这些儿童特性相匹配的体育活动，以及在活动中该如何处理某些特殊行为。教师们经常提出的问题有：我应该使用哪些教学策略？我应该在现有教学大纲的基础上为这些儿童做出哪些调整？我该如何评估这些孩子是否在进步？哪些器材或设备对这些孩子的运动参与最为合适有效？该如何处理某些孩子的情绪问题？……通常来说，患有自闭症的学生对操场的嘈杂声音和开放式空间比较敏感而表现出明显不适。对于运动动作技能较弱、社交能力较差的学生来说，参加团体性的活动项目更加具有挑战性。因此，哪些体育活动是适合自闭症儿童的，在体育活动中如何使用指导策略，如何对体育活动进行评价，如果要进行干预，干预方法怎么融合，成了我们首要解决的问题。

本书的作者既是相关科研人员，也是教育从业者。我们撰写此书的目的并不是要提供方法来“修复”或改变自闭症，而是想给相关教育工作者提供思路，在思考如何进行融合教育时提供一些选择。这些选择不仅适用于一般的体育教育课堂，亦适用于特殊儿童体育课程设置、课外运动与娱乐活动项目。本书从自闭症儿童的运动障碍出发，描述了体育教育、特殊教育及自闭症干预原则在实践中的应用，这些实践将有助于相关从业者在设计活动项目时能符合学生需求，在活动中应用一定的干预策略，在教学中引入包容性设计，使自闭症儿童能够真正地享受体育活动所带给他们的好处，从而达到干预效果最大化。同时，本书亦可帮助家长们了解体育运动干预的重要性，有助于他们督促、鼓励自闭症儿童积极地参与到更广泛的体育活动中，当自闭症儿童能积极地参加与他们相符合的体育活动，并且能适当地与同龄儿童一起互动，其结果不仅能提高他们的运动动作能力，还有助于促进其社交和语言能力的发展。

本书的第一章自闭症儿童特性，阐述了自闭症常见的临床表现，描述了自闭症不同的诊断标准及发展历史，从而解释了社会上广泛使用的不同自闭症名称的由来。同时对自闭症的病因、发病率及其发展过程进行了概述，指出“早发现、早诊断、早干预”对预后的积极作用。第二章自闭症儿童动作发展障碍，侧重于自闭症儿童的动作发展障碍特性及其对社交、体育活动及社会适应能力的影响，指出了目前常用的几种动作评估工具及评估注意事项。第三章自闭症儿童体育活动参与现状，在自闭症动作发展特性的基础上，进一步介绍自闭症儿童体育活动参与的基本情况，指出了影响自闭症儿童体育活动的因素及促进策略，为家长及相关从业者提供思路。第四章自闭儿童体育活动评估，则系统地梳理了有关自闭症儿童体育活动水平、基本动作技能和体适能的评估方法以及相关注意事项，以便更好地评估自闭症儿童体育活动参与效果。第五章自闭症干预措施在体育活动中的应用，概述了目前常用的几种自闭症干预方法，并着重提出关键反应训练法在体育活动中的应用及注意事项。第六章自闭症儿童适应性体育教学指导策略，着重对多元融合谱系理论在体育教学指导、任务制定和体育教学中所要认真对待的原则和策略进行了详细阐述。第七章自闭症儿童个人体育活动实例和第八章自闭症儿童集体体育活动实例，则是从教学角度出发，为相关教育工作者提供了多层次、循序渐进的二十个活动实例，其中十例为个人项目，十例为集体项目，供大家参考。

每个患有自闭症的儿童都是独一无二的，因此在整个干预过程中应该根据每个孩子的个体情况，在专业人员系统评估下制订个性化的综合干预治疗方案。作为家长，应担负起相应的责任，成为孩子干预过程的积极参与者。作为体育教师或特殊教育从业人员，应考虑学生自身特点、配合医师和家长，根据教学内容和环境进行调整，制订出更具有包容性的活动项目，尽力帮助每个自闭症儿童尽快地适应社会，回归社会。

编　者

2024 年 8 月 1 日

目　　录

第一章　自闭症儿童特性

本章导读

自闭症谱系障碍（Autism Spectrum Disorder，ASD），简称“自闭症”，是一种出现于儿童发育早期的广泛性神经发育障碍，其基本临床特征主要包括两大核心症状：社会沟通和社会交往障碍、兴趣狭窄和重复刻板的行为模式。目前，自闭症已被世界卫生组织列为儿童精神疾病第一位，成为严重影响儿童健康的全球公共卫生问题。有关自闭症的研究也逐渐向多元化、多学科化的方向发展，成为临床医学、发展与临床心理学、神经科学、特殊教育学和体育康复学等领域共同关注的焦点。因此，本书的开篇章节对自闭症的定义、历史背景、核心症状表现和诊断标准等进行系统性的梳理，有助于相关教育从业者和自闭症儿童家长更加深入地了解自闭症。

本章第一节对不同历史阶段自闭症的定义进行了系统梳理，同时对自闭症的历史演变进行了介绍；第二节概述了自闭症儿童的核心症状表现，主要包括社交互动障碍与语言沟通障碍、兴趣狭窄与重复刻板的行为模式两大核心症状；第三节对自闭症儿童的其他行为特征进行了介绍，主要关注动作发展障碍、对感官刺激的反应、注意力与动机和问题行为四个方面；第四节对自闭症的诊断标准、自闭症的类型、严重程度、如何诊断、病因和发病率以及后期的成长过程进行了说明，便于读者更加全面地了解自闭症。

第一节　自闭症的定义及其历史演变

在日常生活中，我们经常会使用“自闭”一词，例如：看到某人不愿出门，经常宅在家里，就说他很自闭；知道某人总是独来独往，不喜欢与人交往，也会说他非常自闭。另外，人们还经常把“自闭”和“抑郁”等心理问题混为一谈，例如：有人说自己最近感到非常孤独和抑郁，不愿与人交往，自己是不是得了“自闭症”。事实上，自闭并不等于自闭症，自闭可能只是性格比较内向，不喜欢社交沟通等，长期居家更有可能是社交恐惧症。“自闭症”一词在现代医学领域中早已被广泛使用，同时有着严谨而且不同于日常口语的定义。自闭症的专业名称为自闭症谱系障碍，自闭症和孤独症是英文Autism的两种译名，早期“孤独症”主要被中国内地的医学以及特殊教育界所使用，而“自闭症”则主要被中国香港、澳门、台湾地区和日本、新加坡、马来西亚等国家所使用，目前，“自闭症”和“孤独症”在汉语环境中已经通用。

在不同历史背景下，自闭症的定义也有所不同，并随着医学的进步和人们对疾病的认知不断发生着变化。瑞士精神病医生保罗·尤金·布鲁勒（Paul Eugen Bleuler）被认为是“自闭症”一词的首次使用者。他以对精神病的研究和创造了“精神分裂症”这个术语而闻名。1911年，他最早提出了“autism”一词，此词源自希腊文，意指自我，布鲁勒以此名词形容患有社会退缩行为且只将注意力聚焦在内在生活的成年精神病患者。

1943年美国儿童精神科医生里奥·坎纳（Leo Kanner）发表的《情感接触的自闭障碍（Autistic Disturbances of Affective Contact）》论文中，描述了11名未满2岁的幼儿（8名女孩、3名男孩）所表现出的五大行为特征：极端的孤独、缺乏与他人情感互动、语言发展迟缓或者没有语言、重复和固定的游戏活动、对环境事物强迫的要求同一性。这篇论文影响至今，被公认为定义自闭症的开端。坎纳首次使用了现代意义上的自闭症，以“早期婴幼儿自闭症”（early infantile autism）的概念代表此类症候群，这是自闭症第一次出现诊断名称。

巧合的是，在坎纳研究自闭症的同一时期，另一个奥地利的儿科医生及精神病学专家汉斯·阿斯伯格（Hans Asperger）也发现了类似于自闭症的病症。1944年，阿斯伯格发表了他的第一篇论文，描述了4名6至11岁的有古怪行为问题的儿童的症状，并同样用“autism”命名。他还以描述一种功能更高的自闭症（后来称为阿斯伯格综合征）而著称，这类患者难以向他人表达情感和需求，也难以理解对方思想，有社交障碍，一般没有智力发育迟缓现象。

1952年，在《精神疾病诊断和统计手册（第一版）》（DSM-1）中，患有自闭症的儿童被标记为患有儿童精神分裂症。直至1980年，在《精神疾病诊断和统计手册（第三版）》（DSM-3）中，才首次出现包括了诊断婴儿自闭症的标准。1982年，南京陶国泰教授发表《婴儿孤独症的诊断和归属问题》报道了国内最早发现并确诊的自闭症儿童病例，由此真正开启国内诊断和研究，比美国晚了约 40 年。

2013 年 5 月，美国精神病学会（American Psychiatric Association，APA）在最新发布的《精神疾病诊断和统计手册（第五版）》（DSM-5）中，正式提出了自闭症谱系障碍的概念，将其定义为：是一种出现于儿童发育早期的以社会沟通和社会交往障碍、兴趣或活动范围狭窄以及重复刻板行为为主要特征的广泛性神经发育障碍。同时，DSM-5 已主张不再沿用过去儿童期瓦解性障碍、自闭性障碍、阿斯伯格综合征，以及其他未注明广泛性发展障碍的分类名称，而改以“Autism Spectrum Disorder”一词统称由症状轻微到严重的自闭症族群，并用严重程度作为分类的依据。为保证用词一致性，本书将统一使用自闭症这一简称来代表自闭症谱系障碍。

第二节　自闭症儿童的主要临床表现

一、社交互动障碍与语言沟通障碍

对于大部分人来说，我们从小到大很自然地就学会怎么和人互动和沟通，先是在半岁前开始学会用眼神关注他人，与人有眼神交流，同时逐渐开始会用手势、动作来吸引其他人的注意力并分享自己的感受（例如用手指指向玩具、回头对大人笑等），接着在一岁之后开始学习语言、试着和其他人对话，并且主动和其他人玩游戏。随着年龄增长，在游戏和互动之中我们逐渐学会规则、默契、礼让等，并且理解团体当中什么是该做的、什么是不该做的，也渐渐学会察言观色，学习揣摩别人的想法、替别人着想，最后进展到能和他人维持友情、爱情等关系，并逐渐理解人际互动中存在的潜规则，能理解包容不同看法，形成自己的价值观，进而更自在地和形形色色的人进行互动。

然而，自闭症儿童学习社交互动和语言沟通的历程则显得很不一样，甚至困难重重。自闭症儿童通常不太能读懂一般的社交暗示，同时他们也对看别人的眼睛显得很没兴趣。如果持续追踪观察自闭症幼儿（2～6 个月），会发现他们越来越少看妈妈的眼睛，而且随着年龄渐长，看着妈妈眼睛的时间会越来越短。大约到 2 岁时，跟一般正常发展的孩童相比，自闭症孩童看人的时间大约只有一半，还会合并一些特别情况，例如较晚甚至很少说话、被叫名字不回应、无法理解如何玩玩具、过度排列物品、对于特定事物异常固执等。有些人对社交接触会有反应，但不会主动与人交往。他们试图与人交往时会表现出怪异及重复性的行为。他们可能极其缺乏社交能力，常常不理解不成文的社交规则，对认同的社会行为缺乏理解，或者不知晓别人的感受等。自闭症儿童常见的社交障碍见图 1-1。

待人冷漠	不与其他孩子玩耍	只有在成人坚持和协助之下才能参与

图 1-1　自闭症儿童常见的社交障碍①

自闭症的另一个特点是语言和非语言性沟通的困难。自闭症患者有些完全不会说话，有些言语能力有限或表现出“鹦鹉学舌”的行为（例如重复地模仿别人的词语），还有些能说完整的语句。有些自闭症儿童虽然知晓非常多的词汇，却不会在社交场合中运用语言。他们当中许多人表现出言语障碍或异常的言语特点，或者会不停地谈论范围有限的话题或是他们特别感兴趣的事物。语言发展有其自身的规律，因此，不要轻信“贵人语迟”等说法，注意观察孩子与同龄人之间的表现。另外，他们可能难以理解复杂的指示、玩笑、讽刺，以及人与人之间的情感。非语言性的沟通（诸如身体语言、面部表情或语调）往往令他们非常困惑，常常需要清楚明确的指导去解释和帮助他们理解非语言性的沟通。自闭症儿童常见的语言障碍见图 1-2。

需要成人的帮助完成其简单的需要	“鹦鹉学舌”行为——重复别人的话，对重复的话不理解	反复地说同一话题

图 1-2　自闭症儿童常见的语言障碍②

以下为自闭症儿童和同龄普通儿童相比较，较为常见的社会互动及沟通方面的行为特征：

（1）婴儿时期不看人、缺少目光接触和眼神交流。

---

① 引用自澳大利亚中国教育基金会（2019），《自闭症系列信息手册（维多利亚家庭指南）》。

② 引用自澳大利亚中国教育基金会（2019），《自闭症系列信息手册（维多利亚家庭指南）》。

（2）儿童时期对其他人的存在不在意，或是互动相当有限，倾向于自己一个人玩。

（3）相对贫乏的肢体语言和表情，在儿童时期可能以“不常使用手指指物示意”来呈现，在成人中则可能是谈话中缺乏肢体语言和表情变化，或是表情别扭与其情绪状态不能对应，不善于通过互动中的线索推敲别人的感受，让人以为不在意别人的想法，或是所谓“不懂得察言观色”。

（4）较少有分享物品、感受、情绪的举动。

（5）即使有丰富的语言能力，在维持“你来我往”的互动和对话中不能拿捏节奏，有时不能开启话题、有时不能掌握转换话题的时机、有时不知道何时该结束话题。

（6）在团体中常因为不在意别人的动向或是不理解其他人可能的内心想法，而显得搞不清楚状况、忽视规则，或是一味坚持自己的做法。

（7）难以拿捏人际关系中的亲疏远近，给人有时太过热情、有时又给人太冷淡的感觉。

（8）难以维持亲密关系，有时会被说成太冷漠、不体谅他人。

二、兴趣狭窄与重复刻板的行为模式

自闭症儿童会有对某些事物执着的倾向，虽然所执着的事物千变万化，但共同点是他们对于这些事物的关注，无论是关注的方式还是关注的强度，明显超过大多数人的预期。有时，在执着的过程中，他们本身可以得到满足和快乐，有时，他们却会因为自己的执着被干扰而显得心烦意乱，甚至发脾气。

在这些令自闭症儿童执着的活动中，最简单的就是对重复动作或话语的坚持，例如：尝一尝、嗅一嗅、摸一摸，或者敲一敲、擦一擦不同物体的表面；听一听机械的声响；盯着灯光或者闪闪发光的东西看；反复地开灯、关灯；或者重复地扭动自己的手部关节，像是打拍子一样；重复旋转自己的身体；一直不停地绕圈来回跑动等；或者一直不断重复念着某个其他人听不懂的词组，比如“车汽、车汽、车汽……”在重复这些动作或话语时，他们会显得自得其乐而一直重复下去，有时光这样子就可以自己玩上大半天。有时候，这种重复的活动会是一些自伤行为，例如咬自己、撞头、打头、抓挠等，这些行为经常是痛苦、愤怒或者受到挫折时的一种反应，应当注意的是，自伤行为也可能成为某个人在无事可做时的一种重复的习惯。自闭症儿童常见的重复刻板行为见图 1-3。

图 1-3　自闭症儿童常见的重复刻板行为①

对重复的执着也会出现在生活习性上，有些自闭症儿童会很在意生活的规律，必须要重复而且一致，所以会坚持按照固定的顺序来安排生活和行程，像是在严格遵守一个仪式一样，例如早上一定要先在卫生间洗过脸再刷牙，然后到厨房洗手才能吃早餐，如果因为赶时间要先吃早餐或是刷完牙才能洗脸，就会感到很不愉快，甚至因此发脾气。有些自闭症儿童则坚持固定的摆设，不容许别人改变他的摆设次序，稍有变动他们都能察觉，然后迫不及待地要还原摆设。有些自闭症个体，对于处理事务的过程有坚持，会严格按照一定的顺序进行，出门甚至会坚持一样的路线。另外有些自闭症儿童会坚持吃什么、穿什么、用什么，不喜欢尝试新的东西或改变既有的规则。有些自闭症儿童可能会对某些物品产生依恋，拒绝与之分开，比如无论走到哪里都要随身带着一个洋娃娃或者其他玩具。

除了以上重复刻板的行为习性外，对重复的执着也会以特殊兴趣的方式表现出来，这些特殊兴趣包括儿童时期收集瓶盖、玩具小汽车、动漫卡片等，成年人着迷于机械零件、军事用品，或是天文、地质、科幻等，这些兴趣虽然大多数人也可能很强烈，但自闭症个体坚持钻研的程度常常远超过大多数人。

以下为自闭症儿童常见的重复刻板行为和狭窄的兴趣表现形式：

（1）喜欢重复的动作或话语，无论有没有意义。

（2）强迫性地遵循一些特定的、没有意义的程序或仪式，生活中有许多坚持的步骤，非照着这个步骤生活不可。

（3）很在意一致性，不喜欢生活中的变动，像是摆设、作息、路线等。

（4）着迷于自己的特殊兴趣，和大部分人比起来，着迷的程度更强，耗用的时间更长，有时会钻研不重要的细节。

（5）有一些重复性、刻板的行为癖好，如拍打、扭转手指或复杂的全身动作等。

① 引用自澳大利亚中国教育基金会（2019），《自闭症系列信息手册（维多利亚家庭指南）》。

（6）某些感官会特别敏感或特别不敏感。

第三节　自闭症儿童其他行为特征

一、动作发展障碍

自闭症时常伴随动作问题，然而动作发展却一直是自闭症族群中一个常常被忽视的临床评估和早期介入规划的方面。但其实早在 1943 年坎纳医师就发现，婴幼儿时期的自闭症患者就呈现出了肌张力低的情况。相关研究指出，50％至 73％的自闭症儿童存在明显的运动迟缓、粗大动作（如走、跑、跳等）和精细动作（如书写、剪纸、拧瓶盖等）都存在明显障碍，他们的步态存在步速慢、步幅小、膝盖过度弯曲、上肢摆放位置异常等特殊情况，且核心稳定控制能力不足。动作能力是婴儿时期最快速发展的部分且是早期发展社交互动的重要技能之一，也是家人最容易观察到并辨识出的发展迟缓的信号，早期识别就有机会更早发现高风险儿，从而更早进入筛检及评估系统，更早地接受干预治疗。所以，虽然动作发展障碍在目前的诊断标准中并没有被列为自闭症的核心症状，但是越来越多的研究和临床报告表明，动作发展障碍应当被认为是主要症状之一，并与自闭症核心症状和行为问题息息相关。本书第二章将对自闭症动作发展障碍做进一步阐述。

二、对感官刺激的反应

不少自闭症患者会有感觉处理困难（感觉处理障碍又称感觉统合障碍），对特定的声音、光线、气味、味道、触摸等的反应过度敏感或过度不敏感。有的自闭症儿童对听觉、视觉刺激反应迟钝，好似“听而不闻”“视而不见”。对周围环境中出现的人或其他人物似乎没有看到，对他们的讲话也不予理睬。有的自闭症儿童是听觉和触觉比一般人敏感，他们会捂住耳朵避免听到吵闹的声音或者不喜欢被碰触和拥抱。

（一）对声音的反应

自闭症幼儿可能被认为是耳聋，因为别人对他们说话时，他们往往没有反应，对非常响亮的声音也可能不予理会。即使有人在他们的背后扔下一大摞盘子，他们可能连眼睛都不眨一眨。家长有时候怀疑他们的孩子是能够听得见的，因为他们注意到，他们会对某些声响立即做出反应，如他们喜欢的电视广告词，或者剥开巧克力糖纸的声响等。

有的孩子可能迷恋于某些声音，如摩擦力驱动的玩具发出的声响或者钟声等。虽然他们似乎对自己发出的噪声从来不敏感，但是他们可能会对某些声音感到强烈的痛苦，因而会捂上耳朵，退缩不前，例如摩托车的轰鸣声、狗的狂吠声，甚至是一些相对轻的声音。

（二）对视觉刺激的反应

自闭症儿童可能会沉迷于某些视觉刺激，可能会对一些视觉刺激不予理会，也可能会对一些视觉刺激感到苦恼等。从总体上来说，迷恋明亮的灯光是最为常见的，虽然一些人可能会对摄影闪光灯感到过度的痛苦。

一些孩子在幼小的时候，可能会注视移动着的东西，但一旦移动停止，就失去了兴趣。他们似乎是通过轮廓，而不是其外表的细节来识别人和物品。这提示我们，他们是在最大程度上运用视网膜的边缘神经系部分来关注运动和轮廓，而不是运用视野的中央部分来获取细节。在正常情况下，人们大多在接近黑暗、不可能观察到细节的条件下，才会应用眼球探测运动的部分。而一些有自闭症的孩子在行走、奔跑，甚至在骑三轮自行车时，似乎并不看他们想去的地方，他们在黑暗中如同在日光下一样，能够轻而易举地找到途径。还有一些孩子如果单独待在黑暗的房间里，可能不会去把灯打开；他们能够找到自己的东西，能够毫无困难地走来走去。对视觉刺激反应的这些异常特征，往往会随着年龄的增长而减弱。

（三）注意力与动机

如多动症、学习障碍和智力缺陷的儿童一样，自闭症儿童也有注意力的问题。他们对于那些令他们感兴趣的活动，通常能够在足够长的时间里保持注意力集中。考虑到儿童的年龄，注意力集中的持续时间之长令人吃惊。相反，对于他们兴趣范围之外的活动或任务，注意力集中的时间就会短得多，可能稍纵即逝，也可能根本不存在。在受到监督的情况下，注意力可能会保持长一点的时间，但是，一旦撤去指导，往往就会不去注意。如果存在重度或极重度的学习障碍，他们可能根本不存在特殊的兴趣，因而根本不会去持续注意任何事物。

对那些能够在感兴趣的活动上保持足够注意力的有自闭症的人来说，问题的根源在于：在特殊兴趣范围之外，他们缺少从事任何事情的动机。例如，他们通常几乎没有或者根本没有独立的动机，所以，自闭症儿童甚至成人会很高兴父母或者照顾者来给他们穿衣、洗脸甚至喂饭。如果让有自闭症的儿童和成人独自待在那里，那么他们对生活自理任务的注意力就会被使他们入迷的种种刺激或活动转移掉。结果，在完成生活自理任务时，他们的动作非常缓慢，以致在时间紧迫的情况下，父母就会替他们完成。因此，人们往往指责父母说，是他们阻止了孩子独立能力的发展。事实上，要是孩子们对自己做事根本没有兴趣的话，日常家庭生活的种种需要使人们很难去鼓励孩子增加独立生活的能力。

（四）问题行为

自闭症儿童常常因为没有足够的言语去表达自己的愿望、需求或其他遭遇的感受，大人们也往往揣摩不透孩子所有的想法，无法及时地去满足他们的愿望或需求，去帮助他们及时地解决困难。这些常见的情况包括：对不熟悉的情景的困惑或恐惧；反复的常规受到了干扰；不了解社会规则；不恰当的控制事件的走向；由于巨大的声响、强烈的灯光、拥挤的人群等感觉输入引发的过度敏感；追求喜欢的活动而没有任何能力去考虑其后果等。在以上这些情况下，孩子常常出现尖叫、发脾气等不恰当的、难以理解的行为。

自闭症儿童在认知发展方面存在着障碍，不会做建设性的游戏，往往想通过考察他们身边一些事物的简单性质来消磨时间，因而常会出现许多破坏性的行为，这些破坏性行为的后果是严重的。如为了“探索”周围事物是怎样的，他们可以把书本、窗帘等撕开，用积木或者石子去打破灯泡、玻璃，从撕裂声或破碎声中得到令他们满足的刺激。他们不理解，大物件装到小物件里是不行的，就把它们统统地破坏掉。为了嗅嗅某些味道，他们甚至会将排泄物涂洒在墙壁上等等。他们的睡眠很少，醒来以后会干扰全家的生活。他们的需求和常规可能最终会优先于全家人的其他需要，因为一旦这些孩子受到任何形式的阻挠和干扰，就会闹得鸡犬不宁。

然而，并不是所有的自闭症儿童和青少年都会表现出以上这些行为。俗话说，“如果你见过一个自闭症儿童，你就只见过一个自闭症儿童”，这句话是指自闭症会以多种不同的方式表现出来。

第四节　自闭症的诊断

一、《精神疾病诊断与统计手册》第五版（DSM-5）中自闭症的诊断标准

在现实中，我们经常会遇到这种情况，一个孩子，在不同的地方，或不

同的医生那里会得到不同的诊断结果。这一状况会让人们对诊断结果产生不解，也无法对孩子实施有效的干预。为了减少识别自闭症的困难，也为了研究和治疗，我们推荐《精神疾病诊断与统计手册》第五版（DSM-5）中的诊断标准。DSM-5 由美国精神病学会于 2013 年在以往版本的基础上修订出版，目前已被大多数医疗保健专业人员使用。根据 DSM-5 的最新定义，自闭症被列为神经发育障碍的一种，并统称为自闭症谱系障碍。DSM-5 将自闭症的七个症状域分为两大类：社会沟通和社交互动缺陷；局限性重复行为和兴趣狭窄。

根据 DSM-5，自闭症的诊断需要一个人在社交活动中表现出或已经表现出全部三个症状域，并且在兴趣狭窄/重复行为的类别中至少表现出四个症状域中的两个（见表 1-1）。社会沟通和社交互动缺陷是指社交及情感交流上欠缺相互性、欠缺非口语的社交沟通行为，以及未能发展和维系恰当的社交关系；而局限性重复行为和兴趣狭窄则包括刻板或重复使用语句、动作或运用物件、偏执于常规、仪式化的口语或非口语的行为、过分抗拒改变、异常强烈地投入或专注于狭隘、固定的兴趣，以及对某些感觉刺激反应过度或不足，或对感官环境有异常兴趣。根据这个新定义，社交及沟通能力属于同一范畴。还有一些与自闭症相关的特征未包含在诊断标准中。这些特征可能包括语言发展迟缓、动作发展迟缓和某些认知/神经心理学模式上的不足。

表 1-1　DSM-5 自闭症的诊断标准（来自 A 和 B 以及 C、D 和 E 的全部 5 种症状）

A. 社会沟通/社交互动领域的所有三个方面存在缺陷。 1. 社交—情感互惠和互动存在缺陷。 2. 交流障碍，包括手势、眼神交流和其他非语言交流。 3. 在发展和维持人际关系以及适应社会环境方面有重大问题。
B. 重复行为和兴趣狭窄领域四个方面中的两个存在缺陷。 1. 刻板或重复的动作或言语。 2. 日常生活中要求或坚持维持一成不变。 3. 兴趣狭窄或痴迷于特定事物。 4. 对感官输入或感觉反应异常。
C. 症状出现在幼儿时期，但在儿童期后期社会技能需求增加之前，可能不会完全显现。
D. 日常功能必须是临床受损。
E. 一般发育迟缓/认知障碍无法更好地解释症状。社会和沟通功能应低于常人的发展水平。

二、自闭症的类型

在《精神疾病诊断与统计手册》第五版（DSM-5）中将原来第四版（DSM-4）中的广泛性发展障碍（Pervasive Developmental Disorder，PDD）包括进自闭症谱系障碍（Autism Spectrum Disorder，ASD），不再定义亚型（subtype）。也就是说，在 DSM-4 之中所使用的自闭症（Autistic disorder）、阿斯伯格综合征（Asperger's disorder），其他未注明的广泛性发展障碍、儿童期崩解障碍（Childhood Disintegrative Disorder）及雷特氏症（Rett's disorder）都不再使用，而自闭症谱系障碍 ASD 则涵盖前四者。由于 ASD 是基于行为所定义的症候群，因此已确定的雷特氏症将不再归类于 DSM-5 之中，而被视为其他的医学疾病。

从评估和干预的观点出发，自闭症儿童和青少年的症状会以不同的方式表现出来。功能损伤的程度在不同的领域也是不同的，而且，家庭和社会因素会影响孩子对不同环境的适应能力。DSM-5 自闭症的新诊断定义也界定儿童有不同程度的分别，被诊断为自闭症的儿童将分别按社会交往障碍、重复刻板行为和兴趣狭窄两个方面，分为三种严重程度：程度 1 表示需要支持，程度 2 表示需要较多支持，而程度 3 则表示需要更多支持。具体定义如表 1-2 所示。

就像光谱中的各种色彩，每种颜色都象征着自闭症可能的症状或伴随可能出现的特质，像语言能力及智力状况，而深浅颜色就代表症状的严重程度，每一种自闭症都是一道独一无二的光谱，这样的诊断描述及分级更切合自闭症的状况，也更能反映出自闭症的特点。

表 1-2　自闭症的严重程度等级划分

严重程度	社会交往障碍	重复刻板行为和兴趣狭窄
程度 1 需要支持	在社会情感方面有缺陷，比如在社交活动和与同龄人交往中表现出困难。有语言能力，但在使用语言方面有障碍，比如可以说出完整句子，但无法进行正常的你来我往的对话，不能与别人分享兴趣爱好和情感，难以进行社会互动，对他人发起的社会性互动不能成功作出回应等。他们试图交友的方式是怪异的，且通常不成功。	缺乏灵活性的行为，干扰个体的正常生活。难以从一个活动转换到另一个活动，组织和计划方面的障碍也影响其独立性。如果别人试图打断他的固执行为，他会抵抗。

续 表

严重程度	社会交往障碍	重复刻板行为和兴趣狭窄
程度 2 需要较多支持	在语言和非语言沟通技巧方面存在显而易见的缺陷。自己不太可能发起社会交往，对别人发起的互动不是没反应就是反应异常，眼神交流和身体语言表现异常，缺乏对手势和表情的理解与使用，个体整体看起来冷漠，难以与人沟通。即使有额外的支持，他们的社会障碍也很明显，与同伴进行适当的交流有困难。比如只说简单的句子，其社会交往只局限于狭窄的特殊兴趣，有着明显的怪异的非言语交流。	对外界观察者来说，重复的行为和例行公事的仪式干扰着个体的日常生活，包括诸如很困难或不能适应变化等。他们坚持同样的僵化的思维模式、遵守同样的做事顺序，比如仪式化的打招呼方式、需要每天走同一条路或吃同样的食物等。当这些模式被打断时，个体会感到痛苦，难以从感兴趣的题目中被别人重新引导。
程度 3 需要更多支持	语言和非语言交际技能的严重缺陷造成了严重的功能损害。极少主动发起社会互动，对他人的社交意愿也极少回应。个体可能使用最低限度的语言，即使在有社交行为的时候，也是用不寻常的方式来满足其需求，并仅对非常直接的社交举动做出反应。	行为刻板、适应变化极度困难、其他的局限性重复行为明显干扰个体各方面的正常功能。刻板和重复的行为影响到个体生活的方方面面。比如行为不灵活，对变化和转变极为抵触，遵循限制性很高的惯例或固定仪式。

三、如何诊断自闭症

虽然医学研究证明大脑内部神经结构与运作的特异是造成自闭症的主要原因，但是目前这些研究大脑的技术还不够成熟，不足以运用在自闭症的诊断上。因此，目前自闭症的诊断，还是以临床医师收集资料后所作的综合判断为主，而所需收集的资料包括：

（1）和受评估者直接互动、进行会谈并观察；

（2）主要照顾者的观察；

（3）教育机构的观察与记录；

（4）过去的各类就医记录；

（5）针对特定对象进行问卷调查的结果；

（6）如需要更多信息时，安排心理师进行心理鉴定。

除了资料的收集是越充分越能协助诊断外，自闭症的诊断还牵涉到何时诊断的问题。目前医学共识是，若自闭症症状较重，最早大约在1周岁后能观察到一些自闭症症状的迹象。然而，目前的诊断条件不能在孩子出生时诊断出是否患有自闭症。主要原因有：

（1）在儿童1岁以前，可以展现的行为范围有限，对其行为类型和发育状况进行决定性的诊断依据不足，也没有有效的仪器测查。

（2）自闭症儿童中，有很大一部分智力也有问题，许多家长因为对智力障碍的担心而将自闭症忽略了。

（3）自闭症的主要问题之一是语言发展的问题，而语言发展问题不到3岁是不能完全判别的。

（4）一部分自闭症儿童开始时的发育呈现与正常孩子相同的状况，直到2～3岁时自闭症症状才显现出来。

（5）一部分父母缺乏有关儿童身心发展的知识，一开始是忽视，后来是不相信，想观察一段时间，结果使诊断时机推迟。

（6）目前许多医院的医生欠缺自闭症诊断的知识，缺乏足够的临床经验，特别是对轻微的低龄患者的自闭症症状确认困难，把自闭症看成暂时性疾患的情况很多。

一般来说，3周岁后临床医师对诊断才能比较有把握，然而也有不少的情况是当孩子或成人的症状开始造成本人或他人的困扰时，才在寻求协助的过程中，被医师辨识出自闭症谱系障碍。总之，诊断自闭症十分困难，因为无法使用医学检查（比如血液检查或脑部扫描）来诊断这种疾病。专业人员是通过检查孩子的行为和发育做出诊断。在少数情况下，可能需要多次观察（有时需要一段时间）才能做出自闭症的诊断。

事实上，随着自闭症特质的概念越来越被人们理解和接受，临床医师越来越容易在门诊遇到怀疑自己有自闭症谱系障碍的成年人，此时医师仍然是谨守收集资料才能做判断的原则，大部分时候都得仔细回溯其孩童时期、学生时代等时间点的生活点滴，直到当前的行为，对这些都应该进行系统的收集。在材料收集时应当使用自闭症诊断的问卷调查表，以便了解所有重要的细节。此外，还应当对参加诊断的儿童进行观察，同时需要进行一系列的心理测试。诊断过程应当遵照完整的诊断流程和步骤，在充足的时间内进行评估和诊断。

四、自闭症的病因

自闭症的病因是什么？什么因素导致自闭症的形成？目前医学上并无定论。但有充分证据显示，自闭症与家庭背景和父母教养的态度无关，也不是后天环境造成的。造成自闭症的原因，到目前为止，所知不多。唯一可以确定的是：(1) 迄今尚未发现任何心理因素会导致自闭症（不是没有教养或不良亲子关系所造成），生理因素才是造成自闭症的原因；(2) 没有任何单一生理因素足以解释所有自闭症症状，这意味着自闭症是由多种因素造成。

美国疾病控制与预防中心在自闭症的病因及风险因素的报道中提到：大多数科学家都认为基因是导致一个人更容易患上自闭症的危险因素之一，20%的自闭症患者中，他的家族可找到智力不足、语言发展迟缓和类似自闭症的人，有自闭症兄弟姐妹的孩子患自闭症的风险更高。此外，自闭症男童中约 10%有 X 染色体脆弱症。在怀孕期间服用处方药丙戊酸和沙利度胺会增加患自闭症的风险；妇女怀孕期间可能因某些流行病或病毒感染，使胎儿的脑部发育受损伤而导致自闭症。有一些证据表明，自闭症的关键时期发生在出生前、出生期间和出生后不久；大龄父母所生的孩子患自闭症的风险更大。脑伤也是重要的影响因素，包括在怀孕期间窘迫性流产等因素而造成大脑发育不全，生产过程中早产、难产、新生儿脑伤，以及婴儿期因感染脑炎、脑膜炎等疾病造成脑部伤害等，都可能增加患自闭症的风险。

近年来，有关学者对自闭症的病因开展了极为广泛的研究，越来越多的证据表明自闭症是生物性疾病，受遗传基因和环境因素的共同影响，环境可能是主要影响因素。自闭症儿童大脑早期发育异常可能是自闭症发病的直接诱因，环境污染、生物异源物质、神经毒性物质、营养物质、母亲孕期的健康状况、肠道健康状况、代谢产物和神经活性物质等因素都可能是自闭症的病因。

五、自闭症的发病率

从近年来的报道和数据统计来看，自闭症的患病率在过去的 20 年里显著增加。例如，根据 1994 年在美国出版的《精神疾病诊断与统计手册》第四版，自闭症的流行病患病率在当时约为万分之二到万分之五左右。2002 年 5 月美国的一期《时代》周刊报道，美国 10 岁以下的儿童每 150 人中有 1 名为自闭症患者。2020 年 3 月 26 日，美国疾病控制和预防中心发布的发病率和死亡报告监测摘要数据显示：在美国自闭症儿童的患病率是 1∶54，每 54 名 10 岁以下儿童中就有 1 人确诊为自闭症，比 2002 年第一次统计时 150 人中有 1 人确诊的患病率增加了近 119%。

中国的情况也不容乐观。据全国残障人士普查情况统计，儿童自闭症已占据我国精神残疾的首位。2019 年《中国自闭症儿童发展状况报告Ⅲ》蓝皮书显示，我国自闭症患病率大约为 1%，目前至少有超过 1000 万的自闭症个体，其中 0～14 岁的少年儿童超过 200 万，从我国人口出生率来看，自闭症儿童的数量每年以近 20 万的速度增长。这种明显的增长主要是由于诊断水平的提升、公众意识的提高以及诊断标准的扩大，但不能排除患病率的实际增长。

因为筛查系统的不统一和不完善，各地区所统计的发病率并不完全一致。但在发病率背后，却有一个数据相对统一：国内外自闭症发病率具有明显的性别差异，男女比例大约是 4∶1，也就是说，在患者群体中，男性占大多数。为什么男孩更容易患自闭症？也许是基因、激素使然，也可能是他们的脑部构造方式不同，也可能是诊断造成的现象。但目前科学研究并没有明确的答案。

六、自闭症与其成长过程

迄今为止，没有针对自闭症谱系障碍的特效药物，药物仅作为辅助治疗手段。“早发现、早诊断、早干预”是目前公认的最佳治疗手段。早期发现并及时采取科学化、系统化和个体化的教育模式训练，自闭症儿童的预后可以有显著的改善，相当一部分的患儿可能获得独立生活、学习和工作的能力，尤其是高功能自闭症儿童。在婴幼儿时期，孩子的大脑快速发育，从环境中吸收各种信息，而且这些信息反过来会塑造大脑。由于婴幼儿大脑有非常强的可塑性，尽早开始干预能够利用大脑的可塑性和学习能力帮助孩子从环境中学习，从而提高语言、交流、模仿、认知、动作等各方面的能力。而且，学前取得的进步越大，未来可能的发育障碍以及问题行为就会越少。

自闭症患儿存在着多方面的发展障碍，因此在治疗中应该根据患儿的个体情况，将行为矫正、教育训练、结构化教学等相应课程训练与药物治疗等手段结合起来形成综合干预治疗。

父母除了要提高自闭症的认知水平外，还要尽早地接受事实，对于患儿出现的情绪和行为问题也要以宽容的心态面对，并担负起帮助患儿的责任，逐渐成为患儿康复过程的积极参与者。同时注意充分利用社会资源，以促进患儿的康复，帮助自闭症儿童尽快适应社会。

课后习题与反思

1. 自闭症的定义是什么？

2. 自闭症的主要临床表现有哪些？其他行为症状有哪些？

3. DSM-5 中自闭症的诊断标准是什么？严重程度分为几级？

4. 自闭症包含哪些类型？

5. 如何诊断自闭症？具体的诊断流程包含哪些方面？

6. 自闭症的病因有哪些？目前国内外的发病率是多少？男女比例是多少？

7. 有没有针对自闭症谱系障碍的特效药物？目前公认的最佳治疗手段是什么？

第二章　自闭症儿童动作发展障碍

本章导读

动作是个体的基本能力，渗透在生活中的方方面面，如吃饭、穿衣、走路，踢球等。动作发展能力不仅是儿童生长发育的重要评价指标，还在儿童认知、体育活动与社会适应能力中扮演重要角色。但是，在日常生活中，我们也会经常发现下列现象：有些儿童无法流畅地扣纽扣或系鞋带、接不住球、上下肢不协调等，这些均是动作发展障碍的表现。在自闭症儿童群体中，动作发展障碍普遍存在，它不仅为自闭症儿童日常生活与社会适应能力带来影响，还成为自闭症儿童社交、体育活动参与的障碍。鉴于动作发展障碍对儿童的影响，对自闭症儿童进行及时准确的动作能力评估至关重要。

本章第一节从动作及动作发展的定义出发，论述了动作发展在儿童发展中的重要作用；第二节首先概述了自闭症儿童动作发展障碍表现，主要关注粗大动作、精细动作与平衡动作三方面，接着从社会交往、体育活动参与及社会适应能力三个维度阐释了动作发展障碍的负面影响；第三节提出了自闭症儿童动作能力评估，包括对自闭症儿童本身行为特性的了解，沟通策略和技巧，评估工具的选择，评估过程详细记录，进而建立自闭症儿童动作发展能力档案，为自闭症儿童体育活动参与制订个别干预计划。

第一节　动作发展在儿童发展中的重要性

一、动作与动作发展

动作是个体的基本能力，渗透在生活中的方方面面。我们每天吃饭、穿衣、操作手机与电脑、行走、跑步、跳舞与打球，都是由一种或者多种动作构成的。

那么，究竟什么是动作呢？不同学科给出的定义则不同。在运动学中，动作是指在一定的时间和空间下，躯体、躯干的肌肉、骨骼、关节协同活动的模式。它既可以指由多个部分共同构成的完整活动模式（如连续的立定跳远动作、跑步动作），也可以指某一部分的特定活动模式（如跑步中的摆臂动作、抬腿动作）。根据动作的表现形式以及参与肌肉的不同，动作可分为单一动作（如“接”“踢”球动作）、复杂动作（如立定跳远、击棒球动作）；粗大动作（如手臂、腿、脚或整个身体的运动，用来跑步或者踢球等）、精细动作（如手、腕及手指的动作，用于抓握书写等）。在现实生活中，作为保障个体生存和发展的基本技能，动作是个体与环境进行有效互动的基本手段。

动作发展是指人一生中所有动作行为的变化，包括成长与退化这些变化所经历的过程，以及影响这些变化的相关因素；Gallahue 与 Donnelly（2003）则将动作发展视为在生命整个过程中个体动作行为的演进，包括一个人不断改变自己的能力，努力达到及维持动作的控制及表现能力。

1980 年，Seefeldt 提出了动作发展金字塔模型（见图 2-1），也被称为动作熟练度发展序列模型。该模型将动作发展按照年龄阶段分为婴儿期、儿童早期、儿童中期到成年期，分别对应的是反射—反应、基本动作技能、能力障碍、过渡性动作技能和专门运动技能。其中，基本动作技能被认为是儿童从事其他体育活动与项目的基础，包含移动类技能（走、跑、跳等），操作类技能（接抛球、踢球、击球等）及稳定性技能（摆动、转体等）。例如，儿童若想学会复杂的篮球专项技能，则需先掌握一系列基础动作技能，如跑步、侧滑步、跳跃、双手接球、拍球、转体等，有了这些基础动作技能，儿童想要学会篮球技能则轻松很多。

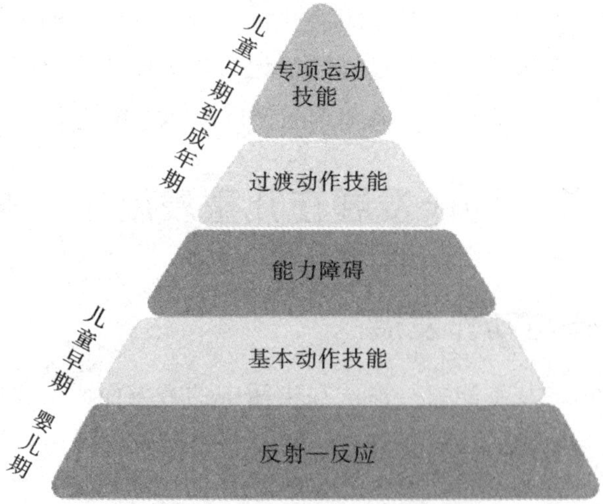

图 2-1　动作发展金字塔模型

二、动作发展在儿童发展中的重要作用

作为个体适应环境的重要手段，动作在个体生存与发展中具有极为重要的价值。动作在个体发展中的重要价值，不仅是心理学、运动学研究的重点，也是医学治疗与康复手段设计的重要基础。在早期，由于儿童发展的成就主要体现在动作发展上，而语言能力的局限使得儿童其他领域的发展也主要以动作为表现形式，因此，动作的发展成为观察儿童发展的重要窗口。

（一）动作发展与认知能力

动作和认知能力是儿童早期发展中的两个重要方面，同时动作能力本身构成认知能力的一部分。儿童与环境关系的建立、维持与变化均与动作的发展变化密切相关，个体对外部世界的认识主要来源于各种动作活动。

在早期，爬行有助于儿童发展双边协调和探索环境的能力，同时感知周围世界与自己的联系；抓握能力也有助于提高写作等活动所需的精细运动技能。如果儿童能够发展坐的姿势技巧，这将为其带来更大的视觉意识和环境互动，以及与他人的互动。当儿童学习新的动作技能时，预先计划和预测结果有助于促进认知发展，学龄儿童走路、跑步、跳跃以及学习投掷和接球等高级技能，能提高身体意识和本体感受，培养用于阅读等活动的视觉感知能力，懂得如何融入环境、参与活动和游戏、了解自己的身体和周围的空间。因此，如果儿童在环境中不能自主位移或者操作，就难以实现精确的知觉能力。

（二）动作发展与身体活动参与

身体活动是指由骨骼肌导致的身体移动所引起的能量消耗，其中运动是最常见的身体活动方式。世界卫生组织建议儿童和青少年每天至少参加 60 分钟中高强度体育活动。在儿童早期和中期，动作能力可能直接或间接地驱动身体活动参与，如果没有足够的动作能力和体适能，儿童在以后的生活中则会更加缺乏能力、信心和动力来满足体育活动的建议。

儿童中高强度的体育活动与高的动作水平显著相关，具体表现为：动作能力强的儿童比动作能力弱的儿童参与更多的舞蹈训练，在体育课上表现更活跃（步数多）；物体操作技能好的儿童则更频繁地进行复杂的球类技巧活动且在休闲时间倾向于更多的中度甚至剧烈的体育活动。同样，不发达的动作技能可能会导致运动回避模式，体重增加，并减少与同龄人的身体互动，表现出更多的久坐行为。

（三）动作发展与社会适应能力

随着成长，儿童在生活中所面对的环境越来越复杂，因此需要更多的生活技巧去面对不同情境，这些技巧就是适应性行为功能，指儿童在日常生活中的表现。日常生活活动包含的层面很广，如穿衣、吃食、清洁、位移等生活自理能力及游戏技能，这些活动都包含精细动作及粗大动作技巧。以穿衣为例，将衣服套进身体这个动作属于粗大动作，而套上衣服后，要拉上拉链或扣上扣子则需要精细动作。甚至在同样的动作任务中需要采取不同的适应性策略，从这个层面来讲，动作的发展也是一个问题解决的过程，是机体特性与任务要求如何实现有效匹配的问题。

个体动作的获得与学习不是简单的肌肉、骨骼和关节的连接模式，而是与活动目的、条件及任务要求相关，通过与物理和社会环境的互动，作为适应性行为的一部分而存在。因此，动作发展与社会适应能力息息相关。

第二节　自闭症儿童动作发展障碍及影响

在日常生活中，有些家长与老师会观察到子女或学生以下动作行为，例如：无法流畅地将纽扣扣好、学习绑鞋带很多次仍无法系出蝴蝶结、接（踢）球似乎都无法手（足）眼协调将球接住（踢出）、平衡感差……如果儿童在动作发展过程中出现了上述问题，则可能被诊断为动作发展障碍。

动作发展障碍，曾被赋予多种不同称谓，如“身体笨拙”“笨拙儿童综合征”“感觉统合失调”。1988 年，学者 Hall 提出了动作发展障碍定义：这是一种技能获得性缺陷，儿童无法获得顺畅协调动作的技能。由于在临床治疗与研究中，人们对动作障碍的界定常存在差异，针对这一问题，世界卫生组织（WHO，1992）和美国精神病协会（1994）在各自出版的诊断手册中，对动作障碍进行了重新命名与界定。世界卫生组织将其命名为“运动功能的特殊发展障碍”：儿童在完成精细与粗大动作任务上的动作协调水平显著低于以其年龄和总体智力为基础的预期水平，这一协调困难应当在其发展早期就已存在。美国精神病协会将其命名为“发展性协调障碍”，界定包括了标准 A 和标准 B。标准 A：“个体在要求动作协调性的日常活动中的表现明显低于其年龄和智力的相应水平，它可能表现为里程碑性动作能力获得的显著滞后，掉东西、笨手笨脚，书写困难等”，标准 B：“由于标准 A 的问题，个体的学业成绩与日常生活受到了显著干扰”。

一、自闭症儿童动作发展障碍的表现特征

近年来，一系列研究发现，除典型的社交沟通障碍和行为异常问题，自闭症患者常伴随动作发展迟缓与动作协调障碍。随着年龄增长，在婴幼儿时期存在的动作迟缓现象会随着年龄增长持续衍生出不同的动作问题。如第一章所述，动作发展障碍被认为是自闭症儿童常见的伴随症状，目前更有研究认为它与自闭症社交和行为问题具有密切关系。动作发展障碍的主要表现有以下几方面。

（一）粗大动作协调性差

粗大动作是指由身体的大肌肉或肌肉群产生的动作。一岁前主要指翻身、起坐、四肢运动、爬行、站立等里程碑行为，一岁后主要指行走、跑、跳、抛、接等，粗大动作还涉及身体姿势和步态控制等。协调是指能够流畅且准确地执行动作，一个协调性的动作需具备适当的速度、距离、方向、节律和肌肉张力等各项因素，若动作执行过程中缺少了这些因素，会导致动作表现不精确、不协调。

研究发现，自闭症儿童动作发育里程碑行为存在延迟，如双侧翻身、独自坐稳、爬行、站立、行走以及姿势平衡等与同龄典型发育儿童相比落后3～4个月龄，在达到动作发展里程碑行为后，可表现出身体稳定性缺陷，例如无法保持身体平衡、走路摇摇晃晃等。自闭症儿童基本都能走和跑，有些格外喜欢蹦蹦跳跳，但协调性较差，关节和韧带往往比较僵硬，缺乏柔韧性等。

与正常儿童相比，自闭症儿童走路时缺少稳定性，显得动作笨拙，容易摔倒，走路时经常爱用脚尖行走、脚踝松，步态蹒跚，步伐短，缺少脚跟往脚趾移动的动作和不规则身体摆动，也缺乏交互摆动的手臂动作。整体动作协调性差，主要为手臂、头部和躯干部的姿势不正常，明显的步态不协调或不平衡，爱左右晃动、身体摆动、抬脚不高，有种脚下“没有根儿”的感觉。还会有摆动手指或晃手，摇动或旋转，来回跑或转圈，喜欢旋转的物品等刻板行为和重复性动作。

自闭症儿童在各类体育活动中同样呈现出不协调的动作模式：如立定跳远，自闭症儿童无法顺利做出手臂摆动、膝盖弯曲、重心往前然后向前跳的连贯动作，手臂不摆动或无法协同摆动。在跳跃动作中，自闭症儿童表现出上下肢不协调，无法维持连续及稳定的节奏，甚至同手同脚。自闭症儿童在

球类动作中也呈现出困难，如：上手扔球动作呈现“砍切”状，不能控制投掷的力道和方向；扔出球后手臂无法随挥到身体异侧；踢球动作无法做到连贯，会先把球停住才能执行踢的动作。

（二）精细动作控制力弱

精细动作主要指手部小肌肉的活动，是孩子主要凭借手以及手指等部位的小肌肉或小肌肉群的运动。手部动作的灵活运用使儿童的探索行为更主动和有效，它与个体认知能力息息相关，对个体适应生存及自身发展具有重要意义。

研究发现，自闭症儿童往往精细动作存在问题，手部力量、协调性及灵巧度都不足，手眼协调能力较差。有部分自闭症儿童的手部和手腕重复刻板动作较多，喜欢玩弄手指却并不协调。也有少部分自闭症儿童的精细动作比较灵活，喜欢写、画，但大多数自闭症儿童的书写技能、生活自理中的精细动作配合不好。还有部分存在手部肌肉失用症，从而影响儿童握笔、拼图、折纸等技能的学习。他们书写速度较慢、握力较小以及握笔力量控制精确度较差。在一些需要高度手眼协调技巧的精细动作项目中的表现明显较正常儿童落后。在一项关于手眼协调能力的测试中发现自闭症儿童无法控制手指的力量。在迷宫画线曲折处不会放慢速度，而是维持原本的速度，经常画出迷宫线外；在穿绳项目中，自闭症儿童动作速度很慢且不连续；在插钉子任务中，自闭症儿童总是将材料掉落，无法准确对准目标孔等。归纳而言，大部分自闭症儿童在握力、动作速度及手部精细动作方面均比正常发展儿童差。

（三）姿势稳定性及平衡能力弱

姿势稳定性，即在给定的支撑基础上保持重心的能力，是一项基本的、早期发展的运动技能。姿势稳定性被认为是粗大动作技能成熟的先决条件，诸如跑步，踢球，接球等技能，如果稳定性存在困难，则会阻碍技能发展。

研究发现，自闭症儿童很难维持稳定静态站姿，且在站姿下转移重心的平衡能力也较差。单脚平衡维持时间短，很难坚持10秒以上。此外，当视觉线索及躯体感觉线索失去时，自闭症儿童平衡控制能力较差。在静态的闭眼单脚站立中，由于闭眼使得视觉输入被阻断，自闭症儿童不易整合其他的感觉功能（例如前庭觉及本体感觉）以维持平衡，因此身体左右摇晃的幅度大；此外，自闭症儿童在不同难度的站姿控制中难以维持平衡，其原因为适应性和预期性姿势控制有缺损，使他们在缩小底面积（例如单脚站或双脚并拢）或在剥夺视觉输入时身体摇晃幅度大。

二、自闭症儿童动作发展障碍的影响

（一）动作发展障碍与社会交往

Leary 等（1996）在阐述自闭症儿童动作和社交的关系时首次提出“动作认知”概念，当一个人不能及时对他人的行为做出反应时，就会错过与人交往的正面强化，继而不能继续参与社会互动，结果可能会退出社会活动。这种“动作认知”的观点并不意味着社交障碍是运动障碍的直接结果，而是意味着受损的动作可能会干扰积极的社会经验学习。同时，社会交往机会的减少也可能导致行为理解能力的下降。

动作问题会影响自闭症儿童动作技巧表现，从而剥夺自闭症儿童与其他儿童一起玩耍的机会，例如动作的笨拙及物体操控能力弱直接导致其被同龄儿童孤立，长期如此，社会交往技能就会被弱化。另外，自闭症儿童可能认为自己的运动能力比他人差而排斥参与，导致他们变得越来越不活跃，参与意愿低，性格内向化，进而出现退缩或焦虑等问题。此外，由于自闭症儿童缺乏融入学校活动和游戏的机会，使他们在动作学习和动作发展上受限，进而反过来影响他们社交参与的机会，使原本缺损的社交互动技巧更加难以有磨炼的机会，对动作与社交发展皆产生不良影响。

（二）动作发展障碍与体育活动参与

动作技能的缺陷可能会阻止自闭症儿童和青少年在休息和闲暇时间玩耍。动作缺陷会导致自闭症儿童参与集体性活动及自由活动的意愿不高，对于需要技巧性的球类运动亦敬而远之，因而休闲活动多偏向静态，如看电视、上网等。研究发现，自闭症儿童和普通儿童在课间休息时的中高强度体育活动时间占比分别为 58％和 82％。在工作日，自闭症儿童比普通儿童每天多花一个小时在久坐行为上，很少有人达到运动指南中每天 60 分钟中高强度体育活动的要求。

这种情形不仅发生在儿童时期，甚至会延续到青少年，这也解释了为什么随着年龄增长，自闭症青年体育活动参与频率较低，规律性和中高强度体育活动水平则会下降。

（三）动作发展障碍与社会适应能力

良好的动作技能在开展日常活动时扮演着重要角色，使儿童在社会生活中具有更大的智慧和独立性，是儿童成功地参与社会化实践的重要工具。反之，若出现动作障碍，则会直接阻碍社会适应能力。同时，从动作障碍（发展协调障碍）儿童的定义可以看出儿童不仅仅在动作上出现问题，同时也会在日常生活活动上出现问题。

文兰社会适应量表调查显示，自闭症儿童社会化技巧、日常生活技巧以及动作技巧缺乏，且几者之间互相关联。动作的限制会影响协调性、准确度与力量的表现，导致自闭症儿童在执行日常生活上的技巧有限，无法像普通儿童一样动作顺畅，具体表现在穿衣打分、使用工具方面。此外，也有研究发现伴随动作障碍会让学龄前自闭症儿童有较多忧郁、焦虑、抱怨、退缩性行为或攻击性行为。由于动作协调能力不佳，儿童在各种需要动作技巧的活动中与体育课的表现方面会受限，可能被同学嘲笑或排斥而无法融入团体活动，进而衍生出负面的情绪行为，因此伴随动作障碍会让自闭症儿童的社会问题愈加严重。

第三节　自闭症儿童动作能力评估

对自闭症儿童进行有效和可靠的动作评估，将有助于康复师及体育教师更好地了解儿童运动能力，以便制订更准确、个性化的运动技能干预方案，同时也为自闭症儿童的体育活动能力的提高打下基础。然而，当前面临的主要挑战是如何准确评估出儿童动作能力，鉴于自闭症儿童的注意力低、理解沟通能力差等特点，在评估时应该给予儿童适当的适应性，促进其对任务的理解并确保评估的准确性。

一、了解儿童

（一）基本信息

在评估前，对儿童基本信息的把握将有助于评估顺利进行。如儿童被诊断为自闭症的时间、功能高低、干预年限、认知能力、重要里程碑动作及协调能力等。此外，还应向家长或特殊教育老师了解自闭症儿童是否有药物治疗史以及当前健康状况行为，这些信息亦会对儿童动作评估产生影响。

（二）沟通能力

良好的沟通能力是评估顺畅的重要保证。在评估前，需要了解儿童的沟通能力强弱及偏好。可能有些儿童表达能力强，而有些儿童则偏向于图片化的视觉沟通，用图片或者非语言（如身体姿势）进行呈现信息，可避免过多的语言提示让儿童产生困惑（见表 2-1，通过图片呈现动作评估任务）。

此外，为保证评估数据的可靠性，重点应该放在减少理解任务指令的障碍上，如用清晰简短的语言来进行任务提示，比如“接、扔”，再指认目标区域，而不是直接说，将球扔到对面的墙上。

表 2-1　动作评估顺序安排表（样例）

顺序	动作图片	名称
1		原地拍球　2 次
2		踢球　2 次
3		上手掷球　2 次

（三）行为特性

除典型症状外，部分儿童还存在一些特异行为，如行为偏好甚至攻击行为。因此，在评估前，需要向父母或者特教老师了解儿童的下列行为：是否有对环境以及人员的依赖性；是否有特殊偏好（特别喜欢球类或者某一项运动）；儿童的喜好及强化物，在评估过程中可以用来奖励或安抚儿童；是否有特异性行为或攻击性行为，以免儿童受伤或者评估者被误伤。

二、选择评估工具

截至目前，未见自闭症儿童动作评估的专门性量表，但一些常用的儿童动作发展量表被广泛用来评估自闭症儿童的动作发展能力以及筛查自闭症儿童是否存在动作协调性障碍。

（一）皮博迪动作发育量表

皮博迪动作发育量表（Peabody Developmental Motor Scales，PDMS）由美国学者 Folio 和 Fewell 于 1974 年研究编制，2000 年修订完成了第二版，简称 PDMS-2。PDMS-2 是目前使用较为广泛的量表之一，它同时使用定量和定性的方法对儿童动作进行评估，主要从粗大动作和精细动作来评估0～6岁儿童的动作技能，粗大动作评估包括反射、姿势、移动、实物操作测试（见表2-2）；精细动作包括抓握、视觉—运动整合测试，量表共计249项。整个测试所需时间为45～60分钟，为缩短测试时间，除反射用于1岁以下的婴儿，其余几个分测验，儿童的年龄决定了从哪个项目开始测试。量表对应5种分数，即原始分、相当年龄、百分位、标准分以及综合发育商。

表2-2 粗大动作——实物操作（51月龄项目）评分标准

编号	项目	测试方法	评分标准
20	投球	儿童站立在距离目标点12英尺（3.6576米）处，将球击中目标点。	2成功击中目标点2次（共3次）。 1成功击中目标点1次（共3次）。 0未能击中目标点。
21	弹球	评估者面向墙壁站立，距离约5英尺（约1.524米）远，单手将球扔向地面，弹起后直接碰到墙，说："像我一样将球弹起来。"	2将球扔向地面，弹起后直接碰到墙。 1将球扔向地面，球弹起多次才碰到墙。 0直接将球投向墙，或球弹起后没碰到墙。
22	接球	评估者站在儿童前面，距离约5英尺远，说"接球"，以45度弧将球扔向儿童。	2手臂弯曲，仅用手接住球2次（共3次）。 1手臂弯曲，仅用手接住球1次（共3次）。 0未接住球。

（二）大肌肉动作发展测试

大肌肉动作发展测试（Test of Gross Motor Development，TGMD）由美国密歇根大学Dale A. Ulrich博士1985年编制，专门用于评估3～10岁儿童大肌肉动作发展状况。目前已修订为第三版，简称TGMD-3。在国外，TGMD已被广泛用于普通儿童动作发展能力测评中，亦常运用于特殊儿童（自闭症、多动症、智障等）的动作评估中。

该测试由身体移动类动作及物体操作类动作2部分构成，其中移动类动作包含跑步（见图2-2）、前滑步、单脚跳、跨步跳、立定跳远、侧滑步6个项目，物体操作类动作包含双手原地击球、单手原地击球、原地单手拍球、双手接球、踢球、上手掷球、下手掷球7个项目。每个动作对应3～5项具体评分标准，测试人员根据儿童完成动作的情况给予评分，符合1项动作标准得 1 分，不符合动作标准记 0 分。每个动作均给予 1 次练习机会，2 次正式测试机会，以 2 次正式测试的动作表现打分，合计每一动作单项及量表分数，其中身体移动类 46 分、物体操作类 54 分（这些动作是目前学前和小学体育健康课中所需的技能），满分 100 分，将各分项测验的原始分数加总便可对照 TGMD-3 指导手册，换算学生动作能力表现的标准分数、百分等级与相当年龄（介于 3 岁至 10 岁 9 月之间）。大肌肉动作发展测试第三版（TGMD-3）跑步动作评分样例见表 2-3。

表 2-3　大肌肉动作发展测试第三版（TGMD-3）跑步动作评分样例

动作评分细则	测试 1	测试 2	分数
1. 肘关节弯曲，手臂摆动和腿相对	1	0	1
2. 双脚有短暂的腾空离地	1	1	2
3. 脚后跟过渡到前脚掌着地或前脚掌着地	0	0	0
4. 摆动腿折叠约 90 度，脚后跟靠近臀部	0	1	1
技能分数			4

图 2-2　跑步动作图片

（三）儿童动作测量量表

儿童动作测量量表（Movement Assessment Battery for Children，M-ABC）由 Henderson 和 Sugden 于 1992 年编制完成，2007 年进行修订（简称 Movement-ABC-2）。Movement-ABC-2 包括成套的动作测试及主观评定量表，是西方国家最常用的发育性协调障碍筛查工具，适用年龄为 3～16 岁。

量表主要从手部灵活性（manual dexterity）、瞄准与抓取（aiming and catching）、平衡（balance）3 个角度评估儿童动作发展水平（见表 2-4），其中手部灵活性评估儿童精细动作，瞄准与抓取评估儿童粗大动作，每个项目根据用时长短或成功次数统计原始分数。儿童动作测量量表由测试的原始分数、百分位、标准分组成。根据常模标准，若儿童对应百分比小于 5%时，对应红色区域，被定义为发育性协调障碍；若百分比在 6%～15%之间，被认为有发育性协调障碍的风险；百分比大于 15%，则表明没有障碍。

表 2-4　儿童动作测量量表（2007 年修订，Movement-ABC-2）瞄准与抓取动作评分样例

项目代码	名称	原始分数	标准分	瞄准与抓取 1+2		
瞄准与抓取 1	双手接反弹球（见图 2-3）			项目分数	标准分	百分比
瞄准与抓取 2	扔豆袋					

图 2-3　7～10 岁儿童接反弹球动作演示图

（四）发育性协调障碍问卷

发育性协调障碍问卷（Developmental Coordination Disorder Questionnaire，DCDQ）是由 Wilson 等于 2000 年编制的作为筛查发育性协调障碍的工具（Wilson，2000），2007 年进行了修订。主要由儿童父母或者主要监护人填写，对儿童日常活动中的粗大动作（扔球、抓取、跑、跳等），精细动作（笔迹清晰、写字快速等）及整体的协调性进行打分。根据常模标准，当儿童得分在 0～48 分（百分比 0～10%）时，被定义为发育性协调障碍；若得分在 49～57 分（百分比 11% ～24%）时，被认为有发育性协调障碍的风险；大于 58 分（百分比 25% ～100%），则表明没有障碍。

三、实施动作评估

（一）环境创设

良好的评估环境是评估顺利与否的重要保障。在测试之前，让儿童熟悉测试环境、设备、程序和研究团队很关键，以防止儿童因为焦虑和恐惧而影响测试结果。环境创设包括以下内容：让儿童在熟悉或安静舒适的环境中测试，测试项目最好是在同一个地方或同一时间进行。如果儿童惧怕陌生人或不愿意与父母及辅助老师分开的话，测试时可允许父母或辅助老师陪伴；准备好评估器材或者设备以及评估量表，并分门别类摆放在相应位置；创设安全的测试环境。除测试所需器材或者设备以及强化物外，测试场所不要放其他器材或者设备以免碰伤儿童。

（二）过程控制

待儿童熟悉评估环境以及情绪状态稳定以后开始测试。测试物品摆放在指定的位置或者仅呈现出当前的设备，避免儿童破坏设备。

在测试过程中，当儿童按照评估者的指令要求执行时，给予及时积极的正向强化。同时，积极吸引儿童注意力，让儿童在测试中保持轻松自如，并且专注于测试的任务。评估者应使用清晰恰当的语言引导儿童，放慢语速或者降低示范动作速度，将眼神关注在当前任务中。若儿童不感兴趣或者注意力无法集中于当前任务，让儿童休息一会，继续尝试测试。当测试中断时，不要立即记录儿童失败，应该再次进行引导尝试。分清楚到底是因为儿童功能障碍还是由于注意力不集中抑或是疲劳而对测试失去兴趣。不要用语言或者手势来评论孩子在项目测试中的正确性。

此外，时刻关注儿童的言行，当儿童出现情绪问题，及时安抚情绪至其稳定以后再尝试测试。如果儿童在测试过程中疲倦或者拒绝测试，就停止测试，换个时间再测。

（三）评估记录

详细记录评估过程将为建立儿童动作评估档案以及横纵向对比分析提供参考依据。应量表要求，详细记录儿童基本信息，评估人员、测试日期等信息。同时，在测试中辅助教师或家长重点记录儿童对测试任务是否感兴趣，是否专注当前任务以及注意力持久情况；儿童的理解能力，对任务反应的快慢；儿童在动作测试过程中的流畅性、敏捷性和协调性；儿童在测试中擅长或不擅长的事情，儿童是否积极地尝试任务以及主观努力的程度；儿童在测试过程中是否出现情绪问题或者不恰当动作行为，在某个测试项目前后有一些无关的或者过多的动作。

（四）结果报告

评估结果一般包括基本信息及数据结果。基本信息涵盖儿童姓名（或编号）、年龄、性别、评估日期、评估人员、评估地点等；动作评估数据应尽可能详细地呈现，包含儿童当前动作评估的总分、分项目测试分数、动作优势及劣势。此外，如果有常模数据，还可以计算出儿童对应的标准分、百分比、相当年龄等，便于家长、康复教师及体育教师等人员直观了解自闭症儿童当前动作能力及与同龄儿童之间的异同。

（五）个别干预计划建议

评估结束，即需要将评估过程与结果转化为个别干预计划，儿童当前的表现水平、优势与劣势构成了个别干预计划重要的基线。首先，个别干预计划一定要有区分度，根据每个儿童的特定表现制订不同的计划和目标。事实上，有些儿童平衡能力特别差，但球类活动还不错；有些在精细动作方面表现很差，但平衡能力还可以；也有一部分儿童是在各方面表现都很差。只有将其纳入精准的干预计划，才能达到最好的效果。其次，制定的干预目标是易观察及可测量的，如练习 30 分钟，踢球 10 次，投球 10 次（成功 6 次）等。最后，个别干预计划最好是可以与生活技能紧密相连的，如加强儿童腿部力量，可采用上下楼梯或者骑自行车等练习，而不仅是单纯地让儿童在原地进行蹲起。

实例 1：基本动作能力评估报告（基于 TGMD-3）

姓名：WW　　　　　　　　　　　　评估日期：2019-10-28

出生日期：2010-04-08　　　　　　评估者：P 老师　D 老师　S 老师

评估地点：武汉某自闭症康复中心 WW 熟悉的多媒体教室

基本情况

WW，男，独生子，年龄 9 岁 6 月。1 岁半时家人发现其不愿意和小朋友玩，回避与陌生人接触，惧怕陌生环境，遂去儿童医院检查，诊断为自闭症。1 岁半学会走路，踮起脚尖走路或跑步；语言发育迟缓，2 岁左右开始喊爸爸、妈妈，语言长度不超过 3 个字；5 岁前在儿童医院训练，5 岁半以后在某康复中心干预至今。基本生活自理能力差，不会扣扣子、系鞋带；学习东西慢，没有擅长的事情，不会分享，喜欢圆圈类物品并不停转动；拒绝环境的改变，所有物品必须放在固定地方且排列整齐；害怕吹风机、电风扇发出的嗡嗡声；喜欢独处，爱笑，但控制不住，通常是大家觉得不好笑的事情也一直笑个不停；与人交流时有短暂对视，可以听从简单指令，自发性的非语言手势或者动作少。

WW 的社会沟通问卷得分为 18 分，高于临界值 15 分（见表 2-5）。

注：社会沟通问卷（Social Communication Questionnaire，SCQ）由 Berument 于1999年编制，用于自闭症的筛查及诊断。SCQ 作为自闭症诊断面试的一部分，适用于4岁以上儿童自闭症的筛查，主要从社交互动、语言沟通、重复刻板行为等考察儿童近3个月是否存在障碍。量表由父母或监护人填写，总分39分，分数越高，表明儿童症状越严重。

表 2-5　WW 社会沟通问卷及动作测试得分

社会沟通问卷（SCQ）	社交互动	语言沟通	重复刻板行为	其他
18	8	4	5	1

本次评估遵循 TGMD-3 先移动类动作，后操作类动作的顺序。

WW 测试总分为 29.5 分，其中移动类动作为 20.5 分，操作类动作为 9 分，见表 2-6。8 个分项目测试分数见图 2-4。在整个测试过程中，WW 并未表现出对测试项目的兴趣或较强专注力。

表 2-6　WW 大肌肉动作测试总分及分项目分数

大肌肉动作测试总分	移动类动作技能分数	操作类动作技能分数
29.5	20.5	9

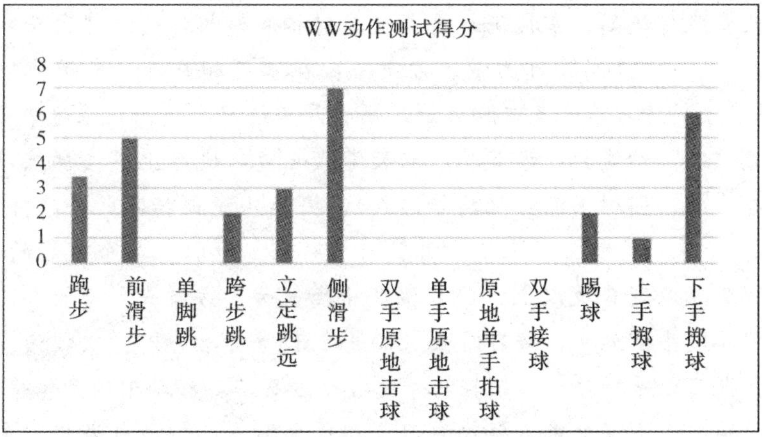

图 2-4　WW 大肌肉动作测试分项目得分

从分数来看，WW 移动类动作技能比操作类动作技能好。在移动类动作技能中，侧滑步、前滑步及跑步动作得分较好，立定跳远、跨步跳与单脚跳动作得分低。测试发现，WW 无法理解与模仿复杂的连续性动作（立定跳远与跨步跳动作），这些动作需要极强的全身协调能力，拿立定跳远为例，尽管 WW 可以用双脚起跳和落地，但腾空时手臂无法随身体上摆，落地动作没有缓冲，动作不连贯流畅。WW 单脚跳动作为 0 分，究其原因是腿部力量较弱，单脚无法支撑跳跃以及手臂无法协调摆动。在操作类技能动作中，下手掷球表现较好，这可能与康复机构的练习有关。另外，有三项动作得分为 0，在需要持拍击打球动作中，WW 无法掌握扔球和挥拍时机，因此无法碰触到球；在扔球的时候，不知道旋转自己的身体随挥，没有习得正确的物体操作技能模式。同样，WW 无法接到对方扔过来的球，接球姿势不正确，没有准备动作（手臂弯曲），迎球（手臂前伸），没有接球意识（任球掉落在地）。

个别干预计划建议

鉴于 WW 当前动作评估分数，WW 的基本动作技能显著落后于同龄儿童。导致这一发展滞后的原因可能是缺乏运动环境及动作学习的机会，提出以下个体干预计划。

针对 WW 当前的移动类动作技能训练及目标：(1) 提高全身协调能力。方案一：手臂和腿的协调摆动练习，家长和儿童在户外进行跑步游戏，加强儿童的手臂摆动及异侧腿抬腿练习；方案二，加强连续性的动作，跳起伸够物品，家长在墙壁贴标记贴（或高处悬挂儿童喜爱物品），让儿童跳起摸高，掌握跳起要点及手臂抬起时机，逐渐建立正确的动作模式。(2) 提高腿部力量。方案一：在家庭和户外，采用地垫上跳跃（跳房子）练习单脚及双脚力量，每次最多练习 5 次，在练习中重点强调儿童“跳”的能力；方案二：家长带领儿童，进行上下楼梯练习（亦可以在户外、楼梯上贴标记物等形式），提示儿童腿抬高，每次练习 3 组，每组 10 米；方案三：家庭户外骑行 500 米。争取在 2 个月后的评估中，单腿跳跃达到 5 次以上。(3) 提高平衡能力。方案一：家长和儿童一起练习单腿平衡站立，练习时长（10 秒、15 秒、20 秒）/次，为提高趣味性，还可以手持球，头顶轻物等练习；方案二：移动中的身体平衡练习，脚跟脚尖走直线 2 米，每次练习 3 组；方案三：扔沙包游戏，在规定区域，家长将沙包（或毛绒物品、球）扔向儿童，锻炼儿童移动中的躲闪能力及动态平衡能力。

针对 WW 当前的操作类动作训练及目标：(1) 掌握正确的击球动作模式。方案一：网球的挥拍练习，儿童由徒手练习过渡到持拍练习，遵循侧身站立准备姿势—引拍—挥拍—随挥的序列动作训练模式，练习 10 次/组。方案二：在方案一动作的基础上，练习原地击球动作。家长将球吊起在儿童身前，发出“挥、打”的指令，让儿童加入击球动作，练习 10 次/组。(2) 提高手眼协调能力。方案一：双手接球练习，家长距离儿童不同距离（1 米、1.5 米、2 米），将球（根据掌握能力，软式大皮球过渡到棒球）扔向儿童，让儿童接住。重点强调手臂弯曲的准备姿势，手臂前伸的迎球姿势；方案二：儿童手持网或者拿容器，接过家长从不同方向或者距离扔过来的球，每次练习 10 组；方案三：原地扔球、接球练习。儿童将网球“砸向”地面弹起后，单手/双手接住，练习儿童接球时机及扔球力度。争取儿童在 2 个月内学会，独立扔球并可击打到球。(3) 原地拍球练习。方案一：原地拍球，要求儿童用手指拍球，而不是手掌，控球的高度在腰间，每次 10～20 个/组。方案二：移动拍球，动作同方案一，让儿童边走/跑边拍球，每次走/跑 5 米距离。

课后习题与反思

1. 何为动作？动作分类有哪些？

2. 为什么说动作发展在儿童发展中扮演重要角色？

3. 什么是粗大动作与精细动作？它们与自闭症儿童日常生活技能有哪些关联？

4. 哪些动作技能可以锻炼自闭症儿童手眼协调能力？

5. 什么是动作发展障碍？它们在自闭症儿童日常生活和运动中的表现是什么？

6. 如何准确评估出自闭症儿童动作能力？评估前应做哪些准备？

7. 分别罗列出一种以动作过程为导向的评估工具和一种以结果为导向的评估工具，写出它们的区别。

8. 在自闭症儿童动作评估中，可能出现哪些问题行为？

9. 在自闭症儿童动作评估中，如何做好评估记录？

10. 选取 1 名自闭症儿童，对其进行动作评估，详细记录评估过程及沟通策略，为其建立动作评估档案。

11. 分别选取 1 名 3～6 岁和 1 名 7～10 岁自闭症儿童，对比其在动作评估中的异同。

12. 根据动作评估结果差异，给 2 名自闭症儿童分别制订一套个别干预计划。

第三章　自闭症儿童体育活动参与现状

本章导读

从动作的发展与习得顺序来看，基本动作能力的发展优先于体育运动技能的形成，在儿童时期发生的动作能力发展障碍，会在一定程度上限制其运动技能的习得，进而影响未来体育活动的参与程度。本书第二章系统介绍了自闭症儿童动作障碍的概况及其评估方式，我们将在本章节进一步探讨自闭症儿童体育活动的参与现状。体育活动是以提升体适能水平和发展运动技能为目标，形式上具有一定的计划性、结构性和重复性，同时又促使骨骼肌产生能量消耗的身体活动或身体锻炼。它涵盖了动作能力、运动技能和社会交往等发展目标。长期有目的、有规律且具有一定强度的体育活动参与，有助于我们增强体质、维持健康。为了更好地帮助一线工作者指导自闭症儿童参与体育活动，有必要通过研究数据，呈现自闭症儿童的体育活动现状及其影响因素，从中寻找指导自闭症儿童体育活动的突破点。

因此，本章第一节将首先通过收集与归纳当前国内外有关自闭症儿童体育活动参与的研究证据，窥见这一群体面临的潜在健康危机——肥胖和体育活动不足。在第二节中，我们从自闭症患者常见的共患病特点、治疗康复手段和社会生态学视角出发，进一步分析自闭症儿童肥胖和体育活动参与影响因素，为家长和一线康复教师实现自闭症儿童体育活动促进寻找突破窗口。对此，我们将在第三节中介绍一个新概念——适应性体育，即帮助自闭症儿童参与体育活动的一种调整方式。通过既有研究成果，帮助家长和一线康复人员理解与应用适应性体育。

第一节　自闭症儿童肥胖和体育活动现状

一、体育活动的健康标尺

人类文明经历了从农业革命、工业革命再到信息技术革命的变革历程，在社会生产力得到空前发展的同时，人类生产生活方式也由最初奔跑于野外追逐猎物的体力活动，逐渐转变为电脑屏幕前久坐不动的脑力工作。儿童及青少年的户外时间更多被屏幕时间取代，久坐行为和身体活动不足问题，成为当今世界各国政府致力于解决的公共健康问题。世卫组织警示，身体活动不足是全球第四大早死风险因素。

根据世界卫生组织的定义，广义的身体活动，是指由骨骼肌收缩而消耗能量的各种身体运动形式。基于这种理解，身体活动的发生场景和开展形式是多种多样的，只要我们的骨骼肌肉产生了能量消耗，即可看作个体在进行身体活动。根据不同发生场景，广义的身体活动可划分为睡眠状态（如躺姿）、工作状态（如坐姿）和余暇状态下的骨骼肌能耗（如家务活动、娱乐活动、体育活动），上述三种状态下的能量消耗之和构成了我们一日身体活动的能耗之和。

与广义的身体活动不同，狭义的身体活动，可理解为体育活动，是以提升体适能水平、发展动作能力和增进社会交往为目标，形式上具有一定计划性、结构性和重复性，同时促使骨骼肌产生能量消耗的身体锻炼活动。例如，家务活动、通勤活动等这类“被动身体活动”则不在体育活动的范围之内。

总体而言，广义上的身体活动，涵盖一切与个体能量消耗相关的行为，是我们维持日常生活的基本条件和基础形式。而狭义的身体活动即体育活动的涵盖范围更小，但形式多样，既可以是学校环境（包括普通学校和特殊学校）中的体育教育活动；也可以是校外环境下，以身体锻炼为导向的团体或个人体育活动；还可以是家庭环境下的休闲锻炼活动，如徒步、登山、户外玩耍等；或是由研究团队组织开展的教学实验环境下的体育干预活动等。

为了科学判断体育活动是否达到有益于体质健康的运动强度，研究者们通过计算进行不同身体活动所消耗的代谢当量（MET），将身体活动划分为能量消耗不足式身体活动和健康促进式身体活动，其中，健康促进式身体活动又可划分为中等强度和高强度这两种能耗等级，如图 3-1 的图谱所示。例如，久坐行为，是指清醒状态的坐姿或躺姿，该形式下的身体活动仅产生低能量消耗；而身体活动不足，是指身体活动或体育活动未达到有利于健康促进的能耗水平。不过，值得注意的是，越来越多的新证据也表明，即使是代替久坐行为的轻度体育活动，同样能产生健康效益。可以说，身体活动图谱，犹如一把判断个体的身体活动行为是否具有健康效益的尺子。

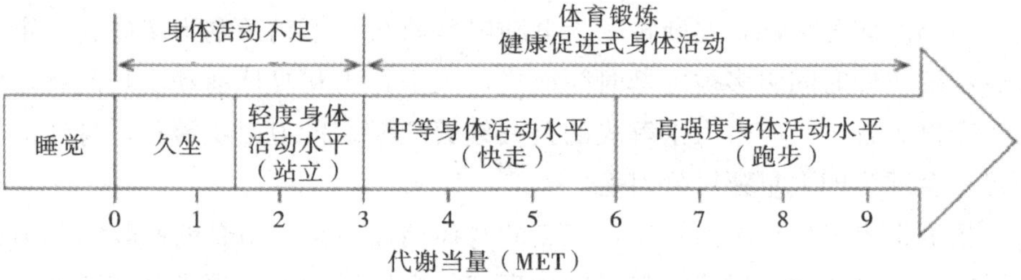

图 3-1　身体活动图谱

在身体活动图谱这套标尺之下，不同国家或组织会定期发布相应的身体活动指南（Physical Activity Guidelines，PAG），作为国民体育活动参与的具体指南。如世界卫生组织 2020 年发布的《关于身体活动和久坐行为指南》明确指出，5～17 岁的残疾儿童青少年平均每天应至少进行 60 分钟的中等到高强度的体育活动（Moderate to Vigorous Physical Activity，MVPA）；每天的久坐时间应限制在 2 小时内（尤其是屏幕娱乐时间），减少因课业任务持续久坐行为，课间休息时应进行适当体育活动。

在这一部分的最后，表 3-1 列出了久坐和不同体育活动所对应的代谢当量（根据 2018 年《中国儿童青少年身体活动指南》整理），家长和一线教师可对照此表，估算每日体育活动能量消耗，为自闭症儿童选择合适的体育活动项目。

表 3-1　常见儿童青少年不同体育活动与相应的代谢当量

体育活动内容	METs	体育活动内容	METs
坐姿时安静地玩游戏、看电视、做作业	1.1～1.8	柔软体操、体操	2.8～6.7
站立时体育活动	1.6～3.0	跳舞、爬楼梯	3.0～5.5
提轻物体	2.0～3.0	自行车、滑板车	3.6～7.8
家务活动	1.9～4.2	体育运动（乒乓球、足球、篮球等）	3.4～8.9
需要全身活动的电子游戏	1.8～4.8	活跃的游戏（跳绳、捉人游戏等）	4.9～8.6
步行 0.8～6.4 千米/小时	2.5～5.3	跑步 4.8～12.9 千米/小时	4.7～11.6

二、自闭症儿童肥胖风险更高

随着肥胖问题成为全世界儿童青少年面临的公共健康问题，自闭症儿童肥胖率的关注度也开始上升，多项来自不同地区的调查研究发现，自闭症儿童的健康问题更为严峻。

国际上，来自日本的研究发现，140 名 7～18 岁自闭症儿童的肥胖率达到了 25%，另一项大规模调查结果则显示，413 名来自特殊教育学校的自闭症男孩和女孩的肥胖率达到了 22%和 11%。美国一所三级医疗门诊则发现了更高的超重率（35.7%）和肥胖率（19.0%）。

在我国，临床数据显示，429 名自闭症儿童的超重率和肥胖率达到 33%和 18%；另一项临床数据根据世界卫生组织（WHO）1995 年的临界值标准，也得出了 31.5%的肥胖患病率。与居住在同一地区的普通儿童相比，自闭症儿童的肥胖风险要增加 41.1%。而在不同残障儿童中，自闭症儿童的肥胖率高于其他发展障碍儿童，如注意缺陷与多动障碍（俗称多动症 ）和学习障碍儿童。

三、自闭症儿童体育活动不足

截至 2020 年，国内外有关自闭症儿童体育活动的调查结果显示，在所有参与评估的自闭症儿童中，仅有 42%的自闭症儿童达到世界卫生组织发布的身体活动指南要求。有三项研究结果显示，无一名自闭症儿童达到该指南的标准，大部分研究（10 项）中的半数参与者未达到该指南的标准，即每日 60 分钟中到高等强度体育活动。

（一）自闭症儿童之间的体育活动差异

研究显示，相较于康复机构的自闭症儿童，在普校随班就读的自闭症学生中等到高强度体育活动更为活跃。在随班就读的自闭症群体中，自闭症学生的中等到高强度体育活动时长从校内体育课，到课间休息，再到校外时间逐渐减少。普校的体育课时间，是孩子参与中等到高强度体育活动的主要场所，大约有 50%的参与者能达到中等到高强度体育活动的水平；而课间时段，只有 40%的自闭症儿童参与了中等到高强度体育活动；校外时间，进行中等到高强度体育活动的学生平均只有 17.8%。

另一方面，从不同教育安置环境的整合数据来看（即涵盖康复机构和普校随班就读生），自闭症学生的中等到高强度体育活动时长则从校外时间，到课间休息，再到校内体育课逐渐减少，与随班就读自闭症群体相反。研究显示，周末时，自闭症儿童的中等到高强度体育活动时间超过了 60 分钟；平日里，自闭症儿童中等到高强度体育活动时间范围处于 13.28 分钟到 127.5 分钟之间，平均每日的中等到高强度体育活动时间约为 56.95 分钟。其中，校外中等到高强度体育活动贡献时间相对较多，大致在 13.8 分钟到 51.9 分钟之间，课间休息的中等到高强度体育活动贡献时间其次，平均约为 23.56 分钟，而体育课期间的中等到高强度体育活动贡献时间仅为 14.85 分钟。

由此可见，有机会随班就读的自闭症学生，往往能通过普通学生的一般体育课堂获得提升中等到高强度体育活动参与的机会，而康复机构的干预课程，对自闭症学生的体育活动参与促进可能相对有限。

（二）自闭症儿童与普通儿童之间的体育活动差异

大量研究发现，无论是学校、体育课堂还是放学后，自闭症儿童的体育活动参与率明显比同龄普通儿童更低（21%～100% vs 43%～92%）。并且，据家长报告，自闭症儿童参与体育活动的类型和数量也明显少于普通儿童。另一方面，自闭症儿童的静坐时间也高于同龄儿童，体育活动不足（低于 20 分钟的中高强度运动）的比例明显高于同龄普通儿童（18.8% vs 10.2%）；自闭症儿童（31.3%）每周花 4～6 天进行体育锻炼的比例也低于同龄普通儿童（39.8%）。屏幕时间占据了自闭症儿童的大部分久坐时间，与普通同龄儿童（44%）相比，自闭症儿童每日的屏幕时间更长（4.6 vs 2.6 小时/天），少有自闭症儿童（6%）能把每日屏幕时间控制在 2 小时以内。

（三）不同残障儿童的体育活动差异

一项 2018 年的研究调查了 103 名 7～20 岁残障儿童、青少年（包括肢体/视力障碍者、智力障碍者、自闭症谱系障碍者和听力障碍者）和 800 名 8～16 岁普通儿童、青少年的体育活动状况。研究发现，大部分参与者长期处于体育活动不足和久坐状态，不仅只有少部分残障群体达到了世界卫生组织发布的身体活动指南的标准，而且自闭症儿童的达标率低于智力障碍组和听力障碍组。这意味着自闭症儿童群体在体育活动参与方面，比其他残障儿童需要更多的关注与支持。

总体而言，即使体育活动不足和久坐行为是全世界青少年普遍存在的健康危机，但以上数据显示，自闭症儿童的体育活动现状，比普通儿童和其他神经发育性障碍儿童更令人担忧。甚至在不同教育安置环境下，自闭症儿童的体育活动具有多元性。

对于随班就读的自闭症儿童而言，尽管校内体育课是他们参与有效体育活动的主要途径，但受制于多种因素，教学内容可能未能对随读生做出针对性调整，致使自闭症儿童的参与程度有限；而校外时间的体育参与则有赖于其照顾者的陪伴。另一方面，除去在普校随班就读的小部分自闭症儿童，大部分自闭症儿童的体育活动参与更多则依靠周末时段实现，而非平日里的教育干预时段。

这一结果也在提醒教师和家长，不同教育安置环境下的自闭症儿童，面临不同程度体育活动参与的限制，在为孩子制定体育活动促进策略之前，要明确他们的体育活动现状，针对薄弱环节逐步提升。更为重要的是，家长和教师应在意识上及早介入、行动上共同参与，帮助自闭症儿童养成良好的体育锻炼习惯。

第二节　自闭症儿童肥胖和体育活动的影响因素

一、肥胖风险之诱因

（一）药物治疗副作用

长期使用抗精神病处方药可能导致自闭症患者的肥胖风险上升。尽管目前没有可用于治愈自闭症核心症状的特效药，但那些有严重破坏行为、攻击行为、自伤和自虐行为以及社会退缩和刻板行为等症状的中重度自闭症患者，通常需要服用药物来改善和控制他们的行为问题，如抗精神病药、抗抑郁药、情绪稳定剂和中枢兴奋剂等。然而，一些广泛用于自闭症群体的非典型性抗精神病药物（如利培酮和阿立哌唑片），也就是第二代抗精神病药物，更容易导致体重增加。除了体重增加，还可能出现代谢综合征类药物副作用，如腹型肥胖、动脉粥样硬化性血脂异常、胰岛素抵抗、促炎状态和血栓前状态等。鉴于在自闭症患者的综合康复干预中，使用这些药物用于辅助治疗的可能性是其他药物的两倍，康复人员有必要关注可能因处方药物的使用，而引起患儿超重和肥胖的问题。

（二）挑食和饮食偏好

过度选择食物是自闭症儿童普遍存在的问题，特殊的食物偏好和营养摄入不均衡也容易导致他们肥胖。受感觉调节的影响，自闭症儿童可能有口腔、嗅觉和味觉过敏，会本能性厌恶某些质地或气味的食物。研究发现，自闭症儿童更喜欢高能量和淀粉质饮食，如蛋白质类的鸡块、热狗和花生酱，淀粉类的蛋糕、炸薯条、披萨等，乳制品中的冰淇淋，偏爱含糖饮料，同时蔬菜、水果和高纤维食物的食用量则明显不足。不仅如此，有超过70%的自闭症患者表现出胃肠道问题，包括慢性便秘、腹部不适、腹泻和反流，以及食物过敏，如乳糖不耐受症和对谷蛋白、酪蛋白的炎症反应。这些全身性的共病问题，可能会影响自闭症儿童的饮食习惯，造成脂肪堆积。此外，对高功能自闭症儿童而言，社会交往与沟通障碍可能会加剧他们的营养问题。例如，部分高功能自闭症儿童，会意识到他们在发展和维持同龄人友谊方面存在困难，导致抑郁或感到孤独，从而表现出暴饮暴食的倾向。

(三) 久坐行为习惯

长期的体育活动不足和久坐行为也可能带来肥胖风险。对于自闭症个体而言，被用作强化手段的电子产品，可能是导致他们久坐的主要因素。例如，许多自闭症儿童家长会利用电视或平板电脑让情绪失控的孩子平静下来，这使得自闭症儿童花在电子屏幕上的时间更多，增加了久坐带来的肥胖风险。同时，大部分自闭症儿童的机体协调能力、肌力控制和保持能力不足，动作学习能力有限，因而更乐于参与静态活动。此外，自闭症群体面临的社交沟通障碍和限制性兴趣，使他们难以在日常体育活动中与同龄人群形成同伴关系，这种被排除在外的消极体育活动经历，可能会进一步打击他们参与体育活动的积极性，阻碍参与体育活动。

(四) 健康意识不足

健康意识是主动参与体育活动的前提。然而大部分自闭症儿童都面临不同程度的智力障碍，尤其是有认知障碍的自闭症儿童，因为他们本身往往难以形成体育锻炼的意识，长此以往容易形成能量摄入大于消耗的活动模式。与此同时，父母或监护人的运动参与认知，对儿童的体育活动参与亦有重要影响。比如，有些自闭症儿童照顾者对孩子认知和语言的关注胜过动作能力的发展，因而在早期干预中忽视了运动干预。有研究指出，自闭症家长通常会为孩子选择每周长达 30 至 40 小时的应用行为分析治疗，久坐不动的干预模式可能加剧他们体育活动不足的问题。

二、体育活动不足之成因

(一) 个人因素

个人因素，在家长看来是阻碍自闭症儿童体育活动参与最为普遍的因素。它与自闭症群体的核心症状有关，主要体现在互动性体育环境中，常发生于融合教育安置环境。

首先，正如第二章所提到的，自闭症儿童的动作发展障碍会带来动作技能学习困难，进而出现学习进度落后、同伴间交流障碍和运动规则理解困难等一系列问题，由此进一步引发同伴欺凌和自卑情绪，不利于他们的运动参与。

其次，自闭症个体的核心症状可能加剧他们体育参与的难度。社交沟通障碍与重复刻板行为以及感官信息处理障碍等问题，使他们难以通过运动参与建立友谊，比如在团队运动中因坚持个人钟情的参与方式而与大家格格不入；或因参与程度有限而迅速失去对活动的兴趣，甚至会表现出不可预测的问题行为；或因活动中突然出现的敏感源而失控等。这些因素，不可避免地导致自闭症儿童对体育活动参与产生消极感受，如被孤立、欺凌，缺少运动成就，觉得无聊无趣，甚至担心受伤等。

最后，这些个体感受又进一步影响了自闭症个体主观参与体育活动的动机。正如一些质性访谈结果所示，融合体育课堂中的自闭症学生指出，讨厌体育课前吵闹的更衣室氛围、嘈杂的走廊、突如其来的雨天、运动后大汗淋漓的不适感以及对运动参与风险的顾虑。同时，他们还表示，与其接受来自同伴的嘲讽，自己宁愿在一旁观看，大多数时候更享受那些具有成就感和参与感的个人活动。

（二）人际因素

人际因素，是阻碍自闭症儿童体育活动参与的第二重要因素，它来自与自闭症儿童日常接触的相关个体。

首先，它体现在自闭症儿童与父母的交互关系上。

从物质角度来说，父母的经济收入水平，决定了自闭症儿童闲暇时间参与体育活动的数量和类型，优渥的家庭条件可为自闭症儿童创造更多组织性体育活动的参与机会，如篮球培训等。

从认知角度来说，父母的态度、行为和安全意识，决定了家庭的体育氛围。有些患儿家长对体育活动缺乏重视，因而不愿在体育活动上增加投入；如果家长本身就没有参与体育活动的习惯，则更不会花时间和精力陪伴孩子运动；还有家长担心户外运动安全性不足，因而索性选择不外出活动；除此之外，担心户外体育活动给周围人群增添麻烦，也是影响家长投入意识的原因之一。近期的研究结果也印证了上述普遍现象——“尽管自闭症儿童的肥胖问题长期存在，但并未成为患儿父母的首要关注”。

其次，在于自闭症儿童与同伴的互动关系中。让自闭症儿童和普通儿童共同参与体育活动，通常需要对活动内容进行改良与调整，比如限制规则、缩小跑动范围等。那么，在未对普通儿童进行科普与培训的情况下，这样的“条件化参与”对于普通同龄儿童意味着运动乐趣的损失、参与热情的降低，他们的“抵触”情绪无形中加剧了自闭症儿童在运动环境下的孤立。

再次，体育教师或运动康复人员与自闭症儿童的互动是人际因素中的另一重要因素。部分家长对运动康复人员的专业资质与教学方法表示不满，认为教师过于关注运动技巧，却忽视了孩子自身的特殊需求；还有些家长表示当孩子达到基础水平后，教师无法提供进一步的体育活动促进方案。

值得注意的是，近期研究指出，疫情期间生活方式的重大改变，给自闭症儿童的体育活动参与带来更多新挑战。因为居家办公，不少家长陪伴患儿的时间增加，但他们却苦于得不到患儿居家锻炼的指导。尽管疫情迅速催生出许多远程指导课程，但与自闭症儿童体育活动相关的内容还相对匮乏。

（三）社会环境因素

社会环境的阻碍因素主要体现在物质环境和社会观念两方面。

一方面是运动环境不佳。如缺少公园等绿地的居住环境不利于自闭症儿童就近参与体育活动；有些康复机构没有运动场地，自闭症儿童只能在狭小的室内空间，或在人来人往的环境下活动。有自闭症学生分享了在开放式环境参与适应性体育课程的心情，他们认为户外的干扰因素很多，如炎热的天气、动物（主要为鸟、松鼠和虫子）、不平整地面、过往车辆及人群发出的噪声等，这些容易干扰他们的运动参与过程。

另一方面则是来自社会偏见。研究显示，接受访谈的自闭症儿童家庭都描述了一种“被普遍接纳”的渴望，来自社区普通孩子家长的异样眼光，往往促使他们有意避开高峰时段去体育馆或公共场所。在他们看来，社会观念就是一种环境和氛围，它无法令人不在意他人的眼光与“审判”，因此更不会主动加入普通儿童的体育活动。

（四）组织/机构因素

来自组织/机构层面的最大障碍，在于缺乏专业人员为自闭症儿童提供适应性体育活动指导。有些自闭症儿童家长认为，在学校，特殊体育教师为孩子提供的体育课程内容有些单一，例如，始终安排孩子独自在场边射门或跳蹦床；特教班级开展体育活动的时长有限（未超过 40 分钟）；缺乏系统教学体系，有些运动课程甚至会因专业教师不足而中止。自闭症儿童体育活动参与的阻碍因素见表 3-2。

表 3-2　自闭症儿童体育活动参与的阻碍因素

个人因素	人际因素	社会环境因素	组织/机构因素
<u>动作技能</u> 无法成功掌握动作技能 平衡和协调能力不足 增加疲劳和身体不适 与自闭症相关的行为表现 <u>认知障碍</u> 社交障碍 限制性兴趣 刻板行为（对某些事物过于坚持） 攻击性行为 超敏反应 不可预测行为 <u>个人感受</u> 消极反应的增加 不愉快运动体验 被捉弄和欺凌 感到被孤立 自尊受挫 过度刺激 感到无趣 对受伤感到恐惧 <u>动机</u> 看电视、电脑和玩电子游戏等 其他活动更具吸引力 不喜欢团队运动和集体活动	<u>家庭支持</u> 父母无时间和精力 父母无运动习惯 父母支持的内在动机不足，不认为孩子能从中受益 缺乏经济支持 担心户外运动安全性不足（无人看护、疲劳/流汗过渡） 不想造成他人困扰 收入水平不高，经济条件有限 <u>同伴支持</u> 无共同参与的同伴 运动伙伴缺少相应意识，无法与自闭症儿童很好地融合 <u>康复人员资质</u> 缺乏具有专业资质的教育、康复、看护人员 过于关注体育活动的竞技性，缺少特殊教育知识 从初级到中级缺乏衔接	<u>客观条件</u> 恶劣天气 缺少安全或充足的设施/资源（如公园等绿地） 交通 运动场所距离太远 <u>社会观念</u> 来自外界（如邻居）的偏见和不友善态度	<u>活动项目</u> 社区或学校没有合适的适应性体育项目 融合学校的体育课程内容单一 特殊教育学校不重视体育活动康复内容 康复学校教授的体育活动内容不成体系 不被运动培训机构接纳

三、体育活动参与之促进因素

（一）个人因素

犹如硬币的两面，自闭症儿童的核心症状，在为他们带来障碍的同时，通过正确引导也能具有相应的促进作用。

个人层面，善用自闭症儿童的刻板行为和狭窄兴趣，有助于帮助他们建立体育活动参与习惯。例如，制作视觉提示时间表，可让“行为刻板”的自闭症儿童逐渐意识到体育活动是日常模块中的一部分，通过可视化和规律化帮助他们建立运动习惯。研究访谈中的一位家长指出：“如果体育运动成为孩子的一项固定活动，而且当他意识到这项活动每周都要在同一天的同一时间点进行，那么只需要我告诉他运动时间到了，他就准备好去了。”

另一方面，自闭症儿童的运动参与动机来源于趣味享受和成就体验。虽然限制性兴趣意味着专注力有限，但一旦孩子从调整后的体育活动中感到愉悦，他们坚持参与体育活动的热情也会更高。

此外还有家长发现，虚拟运动游戏是改善自闭症儿童久坐行为、促进体育参与的新兴方法。调查发现，电视、电子游戏等屏幕时间对自闭症儿童的吸引力更大，有些家长将 2 小时屏幕时间作为完成学业和家务的强化奖励，因而在每日有限的时间中，孩子自然会认为体育活动参与是妨碍他们获得“奖励”的事物，不愿参加体育运动。因此，那些将体育活动与电子游戏结合起来的虚拟电子游戏，或许能很好地满足家长的强化需求和患儿的运动兴趣。

（二）人际因素

如上节所述，克服自闭症儿童个人层面的体育参与障碍，通常需要父母在必要时刻给予外部激励或抽出时间与孩子共同参加。然而，并不是所有的照顾者都有充足的时间、精力和耐心去支持和陪伴孩子。因而在孩子与父母的人际互动方面，能在工作时间与陪伴时间之间取得平衡、在共同体育活动中加强亲子关系的家庭，是促进孩子体育活动参与的有利人际因素。而在自闭症儿童与同龄玩伴的人际关系中，相较容易引发欺凌与嘲笑的普通儿童而言，兄弟姐妹则是更理想的玩伴。不少家长指出，兄弟姐妹比一般同龄人更适合作为锻炼伙伴，因为“他们对‘残疾/障碍’有着更好的理解”。

相反，对自闭症缺乏了解的玩伴则可能带来适得其反的效果。在自闭症儿童与运动康复师的人际关系层面，教师的积极态度对孩子的运动参与起着至关重要的作用，因为当自闭症学生对运动指导者持有积极看法时，他们更乐于参与体育活动。例如一项质性研究的观察笔记显示，当研究者向自闭症儿童展示一张他和特教机构体育教师共同运动的照片时，他会一边微笑一边拍手，在椅子上蹦蹦跳跳。自闭症孩子们通常将对运动参与的喜爱归因于体育教师的个人特质、接纳度和同理心，他们从体育活动中体会到趣味，感受到教师对自己的关爱并从中获得信心。

（三）社会环境因素

社会环境方面的促进因素主要体现在客观条件上，既包括城市建设等物理环境，也包括社会习俗、教养法规、文化价值等社会文化氛围。比如住宅附近有无康复教育资源以满足孩子的干预需求，有无休闲健身圈（如绿道公园、健身器材等）以满足孩子和家庭的日常体育锻炼需求等。

（四）组织/机构因素

组织/机构方面的促进因素则来自学校、运动项目联盟或其他公益组织。例如，有些特殊教育机构会与普校合作，开展反向融合交流活动；或是体育俱乐部、国际特奥组织为所在地的特殊障碍儿童提供体育活动参与的机会，帮助他们在运动中与其他伙伴分享快乐、交流技艺、增进友谊。还有些体育运动单项组织也加入这一行列，为自闭症儿童提供“正常”运动体验。例如，澳式橄榄球联盟就尝试通过组织一项为期 11 周的融合项目，帮助自闭症儿童“回归主流”。参与该项目的家长在访谈中感慨，这项活动为他们的孩子提供了在家庭之外，体验“被正常相待”的机会，自闭症儿童得以与普通儿童在运动中相互交流、平等参与。并且，项目工作人员通过视觉指导、社会故事等多种指导策略，对活动过程进行了相应调整，使自闭症孩子能更好地参与其中，而不是“融而不和”。参与家庭普遍认为这是一次收获大于困难的体验。自闭症儿童体育活动参与的促进因素见表 3-3。

表 3-3　自闭症儿童体育活动参与的促进因素

个人因素	人际因素	社会环境因素	组织/机构因素
与自闭症相关的行为表现 多动，乐于参与体育活动 一旦运动常规建立便形成习惯 个人感受 享受、平静 富有成就感 感到新鲜 减少攻击性行为 减少害羞心理 动机 喜欢个人运动（如网球、游泳） 喜欢团队运动（如足球、篮球） 涉及喜欢的事物 外部奖励（如奖牌）	家庭支持 父母陪伴 父母的运动态度 兄弟姐妹的支持 与宠物玩耍 家庭经济条件优渥 社交参与 同伴支持 融入朋友圈，增加社会联结 学会分享 适应社会规则 结交朋友 指导人员态度 尊重、同理心	客观条件 居住地附近有康复资源或健身设施 良好的室外环境（适宜远足与散步） 交通 生活在一线或省会城市	活动项目 学校或康复机构提供了合适的适应体育活动（如融合式体育活动） 当地有特奥活动开展

第三节　自闭症儿童体育活动促进策略
——适应性体育

一、适应性体育

适应性体育（Adapted Physical Activity），是促进自闭症儿童体育活动参与的重要手段。

早在 20 世纪 50 年代，随着美国民权运动的发展，残障群体享受公平教育机会的诉求逐渐得到社会重视。当时的美国卫生、体育和娱乐联合会（现为美国健康、体育、教育、娱乐及舞蹈联合会），第一次使用“适应体育”这一术语描述残障群体的特殊体育教育，并将其定义为：“针对无法安全或成功参与非限制性体育活动的残疾学生而设计改编的多样性体育运动，包括发展性活动、游戏、运动、韵律操等各种运动项目。”

随着适应性体育研究领域的不断发展，适应性体育的界定逐渐完善。在我国，适应性体育也成为概括我国残疾人士体育、特殊体育研究的一个分支学科，是“有特殊需要的人为达到个体与环境的最佳适应状态而进行的体育活动”。

对于自闭症儿童个体而言，由于动作发展障碍是他们在儿童时期普遍存在的伴随症状之一，这使得他们在参与体育活动的过程中会面临许多困难。运动指导者和体育教育者，如何根据自闭症个体的运动能力、健康状况制定适宜的身体锻炼方案，对体育活动规则、教学策略等方面做出个性化调整，以帮助他们更好地参与或融入同龄普通儿童的体育活动中去，正是适应性体育的“适应”之含义所在。它是一种强调接纳个体差异，追求运动快乐体验的指导理念。

二、适应性体育活动对自闭症儿童的益处

（一）社会交往能力改善

大量研究结果显示，体育活动干预，尤其是团体性、组织性体育活动干预有利于改善和发展自闭症儿童的社会交往能力。一项综述研究显示，不同形式的团队游戏、运动游戏可帮助自闭症儿童建立恰当的社交行为，减少问题行为发生次数；通过为儿童创造积极的社交互动机会，进而提升其社交主动性。此外，除了运动参与情境下社交行为的改善，不少研究也指出，马术康复、瑜伽、游泳、空手道、体操、高尔夫和户外挑战性活动等非团队性活动，也有利于自闭症儿童一般情境下社交技能的提升；研究者们认为，帮助自闭症儿童掌握一项运动技术，有助于提升他们与同龄群体共同体育活动的信心和兴趣，进而间接达到改善其社会交往与情感沟通问题的目的。

然而，需要注意的是，上述研究数据所指的社交改善，并不完全等同于患儿的社交技能实现了从体育环境到日常环境的泛化。尽管如此，毋庸置疑的是，社会交往技能与体育参与之间存在一定关联，从长远来看，体育活动参与对患儿的社交沟通促进有益无害。

（二）重复刻板行为减少

有研究显示，慢跑或多频率走跑结合的体育活动干预方法，能改善自闭症儿童的重复刻板行为。既有研究将体育活动可能改善患儿刻板行为效果的机制解释为：患儿通过参与体育活动所获得的内在刺激，与其重复刻板行为时所产生的刺激反应，具有相似的内在作用机制，因而能获得一种相似的感觉刺激。

（三）认知能力提升

不少研究结果还揭示了体育活动与自闭症儿童认知功能的关联，尤其是在专注度、注意力和自我控制能力方面。在这些研究结果中，马术辅助康复是使用最多的干预手段，最新一项综述发现，通过这种动物辅助治疗可帮助改善患儿的注意力、行为计划能力和自我调节能力。除此之外，一些包括慢跑、室内蹦床、身体练习（借助呼啦圈）、瑜伽、乒乓球和游泳在内的身体锻炼，可促进患儿的工作记忆、语言发展和学业成就。

值得关注的是，近年来科技辅助手段在教育中的应用，促使体感游戏成为引人关注的集趣味性、健康性为一体的新兴体育干预方式。比如任天堂体感游戏的销量冠军 Wii Sports 可为用户提供多种运动模式。卡通画质和虚拟场景，使自闭症儿童的个人体育时间变得更加有趣。另外，同样是借助技术辅助，仿真骑马技术的应用也能有效解决马术康复的外部条件阻碍。

（四）体适能发展

鉴于自闭症儿童普遍存在的动作发育迟缓、身体协调障碍等问题，提高体适能是自闭症儿童参与体育活动的另一重要目的。所谓体适能，在国内通常被称作体能，它涵盖两个方面。

一个方面是与技能相关的体适能，包含灵敏、平衡能力、协调能力、速度、力量和反应速度。既有研究通常采用基本动作技能（移动动作练习和球类动作练习）、蹦床、体能训练、运动游戏以及仿真骑马作为干预内容。研究显示，大部分干预能在一定程度上改善患儿的平衡、协调、移动、物体控制、反应速度和视觉运动控制能力。因而，在早期干预中重视体育活动干预，可以有效改善患儿的动作障碍问题，待他们具有了一定的动作能力基础，则具备了参与体育项目的身体条件。

另一个方面是与健康相关的体适能，如有氧耐力、肌肉耐力、肌肉力量、身体成分和灵活性。与技能相关体适能不同的是，健康相关体适能的改善往往建立在一定强度和时长的体育锻炼基础上，而不再仅仅关注动作表现。由于要求自闭症儿童参与一定强度的体育活动是有难度的，因此鲜有研究直接以提升健康体适能为干预目标。但对自闭症儿童的游泳干预研究，似乎从侧面佐证了一定耐力的体育活动是改善健康体适能的不错选择，可在一定程度上提升患儿的肌肉力量和肌肉耐力。

三、适应性体育活动方案选择

（一）干预方案类型

基于既有研究成果，表 3-4 将国内外学者所使用的适应性体育干预方案分为有氧活动、力量练习、神经肌肉锻炼和球类运动，以供家长参考、选择。家长可根据孩子的兴趣和动作能力，选择相应的体育活动类型，并根据孩子的学习进度选择不同难度的执行方案。

表 3-4　体育活动干预方案分类

阶段	初始阶段	进阶阶段
适合自闭症儿童的有氧项目		
频率	3 天/周	5 天/周，此后可逐渐过渡至每周 7 天
强度	中等强度体育活动	高强度体育活动
时间	20～30 分钟/天，可短时多次	40～60 分钟/天，可分多次完成
类型	慢跑、间歇性快走/跑步训练、自行车、游泳、跑步机训练、运动游戏（如体感游戏、舞蹈革命、体感自行车等）	
适合自闭症儿童的抗阻练习		
频率	1 天/周	2 天/周
强度	10～15 次的最大重复次数	6 个月后，过渡到 8～10 次的最大重复次数 儿童不应低于 6 次的最大重复次数
时间	1 组，每组重复 6～15 次	2～3 组，每组重复 8～12 次，组间休息 2～3 分钟，逐渐减少组间休息时间
类型	10 岁以下儿童，可进行健美操和跳跃、蹦床、攀爬、投掷等活动 10 岁以上儿童，可借助负重、弹性带和体重阻力加强上下肢和躯干的肌肉力量。注意，需在教练和家长的监督下使用健身器材。	
适合自闭症儿童的灵活性和神经肌肉训练		
频率	1～2 次/周	无
时间	1 小时	无
类型	上下肢主要肌肉群拉伸练习、骑马或仿真骑马康复、游泳、瑜伽、太极、空手道等	

续 表

阶段	初始阶段	进阶阶段
适合自闭症儿童的双人或多人球类项目		
频率	2～3 次/周，中等强度体育活动水平，进阶阶段的练习心率大约控制在 129～149 次/分钟	
时间	(1) 热身运动（5 分钟），(2) 动作技能学习（20 分钟），(3) 与干预目标相关的动作技能训练（20 分钟），(4) 小组游戏（20 分钟），(5) 放松练习（5 分钟）	
类型	乒乓球运动、篮球运动等	

（二）注意事项

研究发现，在与父母共同生活的自闭症儿童中，如果他们父母有定期体育运动的习惯，那么他们的体育活动水平则显著高于那些父母不参与体育活动的自闭症儿童。因此，为自闭症家庭提供充分参与运动的支持，在某种程度上也能带动自闭症儿童的体育活动水平。

很多家庭在照顾自闭症儿童的过程中身心俱疲，往往对参与日常生活之外的体育活动忧心忡忡，一方面担心孩子可能会在运动中受到伤害，同时又害怕他们无意伤害到别人，甚至给教练带来困扰。当然，让家长们为了参与体育活动而完全摒弃这些忧虑是不现实的，但可以帮助家长减轻对自闭症儿童体育活动参与的心理负担。

在这里，我们建议整个家庭共同行动起来。比如鼓励家长带孩子去社区绿地、健身中心或湿地绿道等场所进行户外活动，或者全家每周花上一天的时间去远足，陪同孩子参加他喜爱的体育培训班等等；那些觉得自己没有时间定期锻炼的父母，可以寻找大学生运动私教，作为孩子的“锻炼伙伴”；如果有条件的话，自闭症儿童的家长们还可以与社区合作，尝试组织一个接纳自闭症儿童参与的融合体育活动。不要因为害怕给他人造成“麻烦”而放弃体育活动参与，在社会接纳度有限的情况下，家长们可以先尝试让孩子与家族其他兄弟姐妹，一同融入同龄伙伴的活动，在这一过程中，家庭成员的参与既为自闭症儿童创造了一个相对熟悉的环境，也让自闭症儿童锻炼了身体，同时又在这一过程中向社区“科普”了如何与自闭症儿童相处的方法并接纳自闭症儿童。

此外，家长还可利用一些科技产品（如体感游戏或运动手环）或家庭互动游戏，吸引儿童参与。例如，家长可在家庭成员中创建一个步行挑战，为每位家庭成员设定在规定时间内（一天、一周或一个月）的步数目标，如果达到目标，即可给予孩子相应的奖励。改变之初的常规建立会比较困难，但一旦体育运动成为自闭症孩子日常时间表中的一项固定活动，他们就会非常善于坚持。

课后习题与反思

1. 久坐行为和身体活动不足的区别是什么？
2. 影响自闭症儿童体育活动参与的因素有哪些？
3. 运动能量消耗在 3～6 代谢当量的运动方式有哪些？
4. 请根据身体活动指南为自闭症儿童制订 1 周的体育活动计划。
5. 导致自闭症儿童高肥胖风险和体育活动不足的原因主要来自哪些方面。
6. 如何利用自闭症儿童的行为特点促进其参与体育活动？
7. 适应性体育的定义是什么？
8. 适应性体育活动对自闭症儿童的益处有哪些？
9. 如何为自闭症儿童制订个性化适应性体育活动计划？
10. 自闭症儿童适应性体育活动有哪些注意事项？

第四章　自闭症儿童体育活动评估

本章导读

体育活动是有组织的、重复进行的活动，经常参加体育活动可以有效地提高人的身体素质与运动技能水平，参加体育锻炼可以保持健康的生活方式。儿童时期正是身体生长发育的黄金时期，科学合理的体育活动对身体素质发展具有重要影响，不仅有利于增强体质，还有利于身心健康发展。体育活动干预对自闭症儿童也有非常重要的意义，有研究证明，早期运动干预除了对自闭症儿童的动作发展障碍或发育迟缓具有改善作用外，对其社会交往能力、刻板行为、沟通障碍以及其他问题行为也有积极影响。为此，在适应性体育领域中，越来越多的研究者和专家开始对自闭症儿童进行体育活动干预，在前面的章节中，我们也对此进行了介绍。

在适应体育教育中，无论是教学目标的实现，还是教学过程的实施，甚至是教学课程安排方法，都必须建立在评估的基础上。自闭症儿童体育活动的评估与体育干预的具体开展紧密相连，通过对自闭症儿童各个方面的水平进行测量，了解其优势与弱势、学习前的预备能力和技能、具体的特殊教育需要及需要的优先等级，在此基础上为适应体育教学目标的实现、个性化体育教学计划的实施、适应体育针对性教学、科学的适应体育课程安排方法提供了保障。体育测量是体育评价的前提条件，测量为评价提供相关的资料。

本章第一节详细介绍了自闭症儿童体育活动的三种评估方法，分别对体育活动水平测量、基本动作技能评估和体适能评估的核心概念、常用的评估工具、评估项目和评估方法进行了介绍；第二节主要对自闭症儿童体育活动的评估流程及注意事项进行了梳理，便于教育从业者能够按照使用流程更好地进行评估；第三节对评估结果的具体应用形式进行了说明，可以帮助教师根据学生的评估结果制订个别化教育计划，进行班级集体安置以及适应体育康复研究。

第一节　自闭症儿童体育活动评估方法

有关自闭症儿童体育活动的评估方法主要包括以下几个方面：体育活动水平测量、基本动作技能评估和体适能评估。

一、体育活动水平测量

在第三章中，我们对自闭症儿童体育活动的模式，影响自闭症儿童参与体育活动的因素以及促进策略进行了详细介绍。经常参加体育活动可使儿童，包括残疾儿童从中获益，比如改善身体成分、增加肌肉力量、降低慢性病患病概率、增强自尊和促进社会交往等。体育活动是机体的做功量，通常以活动持续时间（小时）或运动单位（如计数）来表示，评价包括 3 个必要因素（持续时间、频率和强度），计量单位通常为 KJ/h。体育活动本身具有复杂多样的性质，因此准确而可靠的测量和评估就成为体育活动研究的关键点。

体育活动水平的测量方法目前大体分为两大类：主观测量工具（如问卷、自我报告、日志等）和客观测量工具（如计步器、加速度计等）。通过比较权衡测量工具有效性（即测量的准确性）和可行性（即使用的便利程度），选择合适的测量工具。二者通常是“鱼和熊掌不可兼得”的关系，比如测量精度高的工具往往由于成本过高、耗时过长、技术复杂而不便于大规模施测。相反，自我报告式问卷这类测量工具则利于收集大量参与者数据，尽管无法准确评估体育活动水平。表 4-1 列出了常见体育活动测量工具的优势与劣势，供一线康复和教育工作者参考选择，为促进自闭症儿童体育活动参与提供科学手段的支持。

表 4-1　不同体育活动测量方式比较

体育活动测量方法	测量内容	测量结果	优势	劣势
三轴加速度计	人体动作	动作加速度的总量 不同强度体育活动时间 身体活跃/不活跃/久坐的时间 步数	体积小巧 大容量存储 电池寿命长 高频率数据截取 可处理原始数据	设备昂贵 佩戴位置决定了被记录/遗漏的数据（如佩戴腰间时则遗漏了上半身运动数据） 不可用于水下运动 只适用小规模人群

续 表

体育活动测量方法	测量内容	测量结果	优势	劣势
计步器	步数 行走距离 能量消耗 体育活动强度	步数	低成本 提供反馈 低佩戴负担 易于使用和数据解读	不评估体育活动强度 有因篡改而导致数据丢失的风险 不同模式间信效度存在差异
心率监测	心肺负荷	平均心率 不同体育活动强度下花费时间（如心率储备、最大心率百分比）	便于使用 可长时间监控（尤其是戴在手腕上） 社会接受度高 可用于水下	设备昂贵 容易受体育活动之外的其他因素影响 心率反应滞后于运动 数据容易丢失
GPS	位置 距离 速度	体育活动强度的替代指标（如距离/速度）	提供进行体育活动的位置信息 数据可连接其他设备（如三轴加速度计）	仅限于户外体育活动 电池寿命有限 GPS 信号可能中断 数据处理耗时，尤其是与加速度计数据连接时
直接观察	体育活动行为 体育活动模式 体育活动水平 姿势 环境因素	体育活动强度 体育活动的时长、频率、行为和模式	提供丰富的环境背景数据 可提供影响体育活动行为的定性和定量信息 适用于特殊环境（如体育课）	耗时 观察和参与成本高 有社会期待 需要额外培训 体育活动水平可能被高估
自我报告式问卷	体育活动的类型和行为 体育活动水平	每一次体育活动 体育活动的时长 体育活动得分	低成本 低参与负担 可适用于大规模人群	潜在的偏差 提供有限的背景信息
活动日记或日志	体育活动的类型和行为 体育活动水平	每一次体育活动 体育活动的时长 体育活动得分 体育活动行为和模式	提供丰富的环境背景数据 可减少因现场填写而导致的回忆偏差	高参与负担 有社会期待 可能由违规行为导致数据丢失

体育活动对自闭症儿童身心健康具有重要意义，但选择的测量工具是否科学有效对于精准反映自闭症儿童体育活动水平，进而准确定位体育活动影响因素至关重要。建议国内学者、康复机构的教师以及家长在对自闭症儿童体育活动进行测量时，应尽量选用客观、标准化测量工具（如加速度计等）以确保测量的准确性、客观性，有效规避主观性和不确定性。与此同时，应考量测量方法对于不同自闭症儿童（类型、严重程度）群体的适应性。

二、基本动作技能评估

人的成长是一个渐进、累积、持续的过程。每个基本动作，都需要身体各部分协调才能完成。如投掷的动作，就必须先以上肢抓起物体、摆动手臂，再加上腰部和下肢配合上肢转动，才能将动作完整表现出来。在第二章第一节中，我们已详细介绍了 Seefeldt（1980）提出的动作发展金字塔模型，在此基础上儿童体育专家 Gallahue（1996）又将动作发展金字塔进行了修改和发展，把儿童动作发展阶段及时期用三角形划分（见图 4-1）。

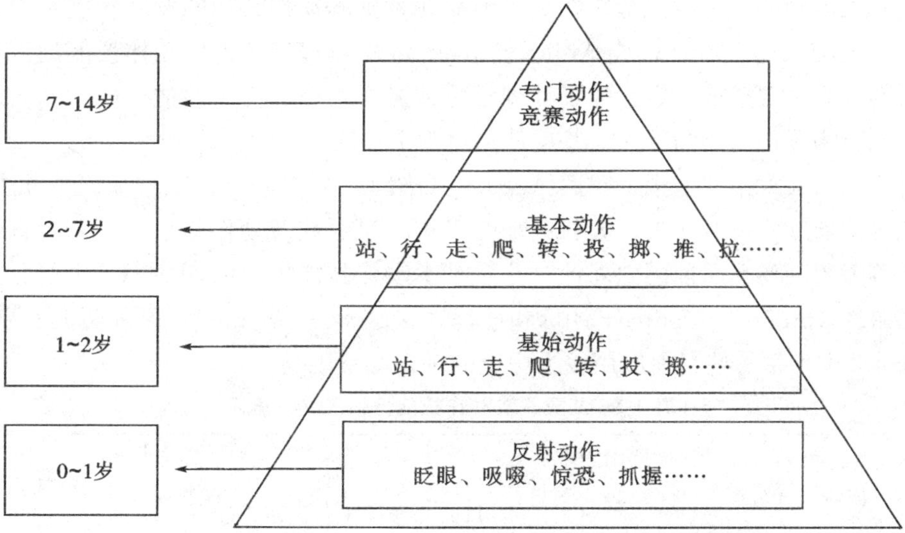

图 4-1　儿童动作发展阶段及时期（修改自 Gallahue，1996）

2～7 岁是基本动作发展的重要阶段，如果幼儿教育工作者能够认识及掌握此阶段儿童的运动能力及动作发展的历程，不但有助于编排适当的活动以促进幼儿体能发展，而且能及早识别有潜在发展迟缓问题的儿童，以便及早做出干预及跟进。

动作技能一般分为基本动作技能（fundamental motor skills）和专项动作技能（specialized motor skills）。基本动作技能被定义为人体非自然发生的基础运动学习模式，是一系列运动和娱乐活动（包括游乐场游戏和有组织的体育活动）所需的复杂运动序列的基石。儿童的基本动作技能包括粗大动作（gross motor）和精细动作（fine motor），以稳定、移动和操控身体。

粗大动作技能通常被分为身体移动类技能（locomotor skill）（如跑步、跳跃等）、物体控制类技能（object control skill）（如拍球、投掷、接球等）和平衡能力（动态和静态平衡能力）。精细动作主要以操控性为主，如书写、扣纽扣、搭积木、剪纸等。精细动作障碍在自闭症儿童中很普遍，包括基本动作控制障碍、执行熟练动作手势困难、动作学习异常等。儿童只有掌握了这些基本动作技能，才能突破“动作熟练障碍”的临界阈值，进而积极参加多种体育活动项目或进行体育活动。

自闭症儿童基本动作技能的发展受到许多因素的影响，直接对其基本动作技能进行测试是了解自闭症儿童动作能力的发展程度的主要方式之一。通过客观的儿童动作技能评估工具，不仅可以帮助我们了解儿童在不同阶段应有的发展趋势，更能清楚地看到自闭症儿童基本动作技能的发展程度是否在正常范围之内。Burton 与 Miller 早在 1998 年就提出了评估动作技能的五个目的：为了分类或鉴定、为了计划治疗或教学策略、为了评估一段时间后的变化、为了提供给当事人一些反馈以及为了预测。

在第二章第三节中，我们已经大致介绍了一些动作评估工具和评估方法，如皮博迪动作发育量表、大肌肉动作发展测试、儿童动作测量量表和发育性协调障碍问卷。目前国内外针对儿童基本动作技能发展的评估工具主要分为结果性（product-oriented）评价和过程性（process-oriented）评价两大类别，表 4-2 中列举一些目前应用较为广泛的动作测量工具。

表 4-2　儿童基本动作技能评估工具一览表

评估工具名称	适用年龄（岁）	条目	时长（分钟）	主要内容	曾用于自闭症	需专业评估者	中文版	评价形式
儿童动作测量量表	3～16	24	15～25	手部灵活性 瞄准与抓取 平衡	√	√	×	结果导向

续 表

评估工具名称	适用年龄（岁）	条目	时长（分钟）	主要内容	曾用于自闭症	需专业评估者	中文版	评价形式
皮博迪动作发育量表	0～5	249	45～60	粗大动作 精细动作	√	√	×	结果导向
布尼氏动作熟练度测评	4～21	53	45～60	精细控制 操作协调 身体协调 力量 敏捷度	√	√	×	结果导向
粗大动作发展测试	3～10	13	15～20	身体移动类 物体控制类	√	×	√	过程导向
中国儿童发育量表	3～6	5	45	单脚站立 立定跳远 左跳右跳 蹲站 快捡小豆	×	×	√	结果导向
学前儿童粗大动作质量量表	3～6	17	15～20	身体移动类 物体控制类 平衡	×	×	√	结果导向
中国香港学前儿童精细动作发展测试	0～6	87	45	基本手部技能 手部操作技能 预写技能	√	√	√	结果导向
贝利婴幼儿发展量表	0～3．5	81	45	粗大动作 精细动作 平衡协调	√	√	√	结果导向

除了表中所示的常用测量工具外，目前越来越多的研究者开始借助生物力学工具，使用更精确的运动性能计算方法辨析不同程度的运动障碍，并将自闭症儿童与其他人群区分开来。例如借助平板电脑、运动捕捉系统、步态分析系统、临床步幅分析仪等对自闭症儿童粗大动作进行测量评价，实验方式和测评环境自然轻松，自闭症儿童易接受。步态分析系统还能提供足迹分析，有助于揭示潜在的足部和步态问题。未来，临床医生和研究者可以根据

步态分析，借助肌电图测量个体肌肉活动了解步态偏差的机制，开发提高自闭症儿童运动技能的治疗方法。

以往的研究发现，自闭症儿童动作发展表现较差不仅是由于自身运动技能受损，而且是由于难以理解测试任务和具体规范。研究人员报告说，采用视觉策略（Visual Strategies）来辅助进行运动技能测评可以帮助自闭症儿童更好地完成测评任务。由于听觉信息稍纵即逝，自闭症儿童听觉接收信息能力大多较弱，难以充分明白口语的指令，以致往往因不理解要求而做出不恰当的行为，而他们的视觉辨别能力较听觉强，视觉策略不但能补足他们听觉理解方面的不足，也能帮助他们克服专注力和记忆力短暂、理解能力不足所造成的困难。常用的视觉策略包括图片任务卡、图片活动时间表和视觉提示等。

教师可运用视觉策略预告环境和事物的改变，帮助学生明白较复杂的指令，以及掌握信息的主体部分。例如用不同图片的排列来显示作息表和特定时间的特定活动。这样可以减少学生因语言理解及表达困难而导致的社交及沟通障碍，使他们更有信心地参与活动和主动地与人交往。动作评估中的视觉提示图在第二章表 2-1 部分已经进行了示例，以下为测试中常用的视觉提示策略示例图。

（一）排队提示

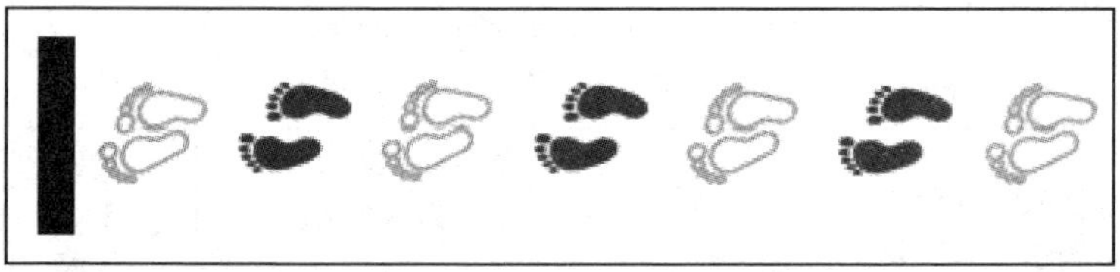

（二）选择喜爱的运动

足球	篮球	网球	棒球	弹跳床
	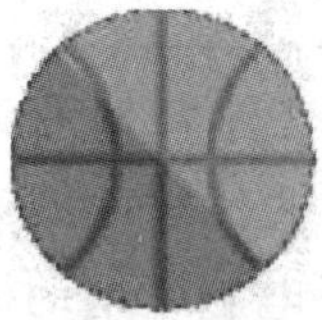			

三、体适能评估

体适能（Physical Fitness）是指人拥有或获得与完成体力活动相关的一

系列能力，可视为身体适应生活、运动与环境（例如温度、气候变化或病毒等因素）的综合能力（体适能分类示意图见图 4-2）。世界卫生组织对体适能的定义为：个人在应付日常工作之余，身体不会感到过度疲倦，还有余力去享受休闲及应付突发事件的能力。我国学者陈佩杰等认为体适能是从体育学角度评价健康的一个综合指标，是机体有效与高效执行自身机能的能力，也是机体适应环境包括自然环境和心理环境的一种能力，是众多参数的综合，它直接与整体生活质量相关。

图 4-2　体适能分类示意图

健康体适能不仅是机体维持自身健康的基础，也是完成日常工作和减少慢性疾病发生的前提，更适用于儿童与青少年健康状况的评估。它包含了两个面向，一般素质（身体健康的状态）以及特定素质（执行某种职业或运动所需要的特定身体能力）。

目前，国际上对体适能进行分类，通常采用的是美国运动医学学会对体适能的分类（见表 4-3），包括“健康体适能”和“竞技体适能”，两者相互联系，而健康体适能是所有体适能的基础。

表 4-3　美国运动医学学会体适能分类

分类	组成部分	目的
健康体适能	心肺耐力——心肺循环系统携氧及养料到肌肉的能力 肌力——肌肉或肌群的最大力量 肌肉耐力——肌肉或肌群能重复活动的次数 柔软素质——肌肉周围组织及关节可活动的范围 身体成分——脂肪百分比、腰臀比例、身体质量指数（BMI）	身体健康、优化非竞技活动、享受生活
竞技体适能	协调性、速度、爆发力、 平衡性、敏捷性、反应时间	运动

（一）健康体适能要素

项目	定义	重要性
心肺适能	指心脏、肺部及血液循环系统将氧气输送到组织细胞，以维持体育活动的能力。	拥有较佳心肺适能的人，可以运动得更持久、更有效率且不易感到疲倦。
肌肉适能：分肌力、肌耐力	肌力：是指肌肉对抗某种阻力而收缩时所产生的最大力量。 肌耐力：是指某组肌肉能持续用力的时间或反复收缩的次数。	良好的肌肉适能可以预防伤害，避免肌肉疲劳及疼痛的显现。肌力训练能预防幼儿跌倒，肌耐力训练则有助于预防腰背痛及扁平足等不适。
肌肉神经松弛	指减少或消除因压力而导致的不必要肌肉紧张或收缩的能力，使肌肉及神经系统得到松弛。	肌肉神经松弛较低的人会容易因肌肉过度紧张而带来不适和疼痛。
柔韧性	指人体关节可活动的最大范围。	良好的柔韧性可以避免肌肉拉伤和关节扭伤，也有助于身体保持姿势正确，预防下背痛及头肩痛等疼痛。
身体成分	指体能脂肪与非脂肪组织（包括肌肉、骨骼、血液及其他身体组织）的比例，该比例与年龄、性别及身高有关。	脂肪过多容易引发肥胖症、糖尿病及心脏病等慢性疾病；脂肪过少则会影响身体发育及智能发展。

（二）竞技体适能要素

项目	定义	重要性
灵敏度	指在移动的过程中迅速改变移动方向的能力。	良好的灵敏度有助于儿童进行需要突然停顿和转向的运动或游戏，例如足球、红绿灯。
平衡	指在生活中保持好身体稳定性的能力，包括静态平衡和动态平衡两大类。	良好的平衡力有助于儿童进行需要平衡身躯的运动，例如溜冰、体操等。
协调性	身体各部分做出有效配合的能力，包括手眼协调、手脚协调及反应能力。	良好的协调能力有助于儿童参与球类活动和体操项目等。
爆发力	指在最短时间内产生最大力量的能力。	良好的爆发力有助于促进儿童跳跃的能力。
速度	指运动、全身或身体任何一部分移动的速率。	良好的速度有助于提升儿童参与比赛时的表现，例如跑步、球类等活动。
反应	指在开始受到刺激时身体作出回应的能力，包括视→手反应、视→脚反应、听→手反应等。	儿童的反应时间会随着年龄及经验增长而有所缩短。

对于儿童来说，健康体适能与竞技体适能的训练都同样重要。健康体适能有利于个人健康；竞技体适能则有助于动作发展。然而，竞技体适能的重要性随着儿童年龄增长及基本动作技能的发展而逐渐降低，健康体适能则在预防疾病方面占有越来越重要的地位。在儿童阶段，提升儿童的健康体适能是家长和老师的重要责任。

1. 儿童体适能发展金字塔（见图 4-3）

一般来说，幼儿的身体和机能发育尚未完成，所以在安排发展体适能元素的重要性方面有次序之分，幼儿体适能金字塔的底部代表平稳的基础和最重要的要素，因此训练的频次宜最多，包括肌肉与神经松弛、心肺适能、柔韧和平衡性等。而依靠这些幼儿体适能元素的重要性和发展的方向，越往上体适能元素的训练则越不宜多做，包括爆发力、速度、肌力活动和训练等。

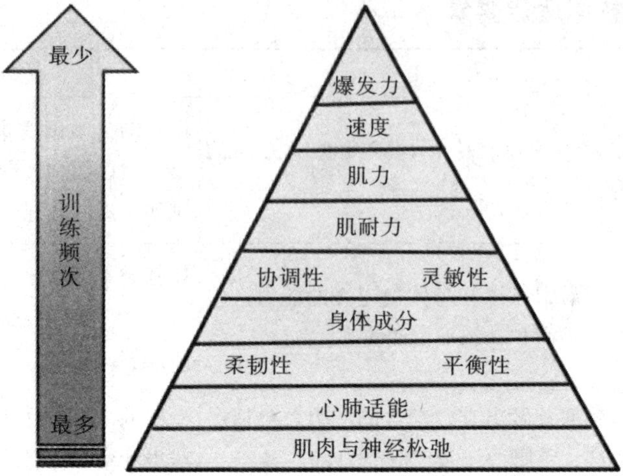

图 4-3 儿童体适能发展金字塔

2. 儿童体适能检测项目及方法

（1）身体组成

测量身高、体重，计算出身体质量指数，用来评量是否有过重或过轻之现象；以身体质量指数【体重（公斤）/身高（米^2）】为施测方法。

（2）肌肉适能

肌力：以立定跳远为施测方法，测量两次，以最佳值为评估依据，数值越高，代表肌力越好。

肌耐力：以一分钟仰卧起坐能完成的最多次数为施测方法。

（3）柔韧性

以坐位体前屈为施测方法，测量两次，以最佳值为评估依据，数值越高，代表柔韧性越好。

（4）心肺适能

以跑步为施测方法，借以评估心肺耐力，不同年龄段有不同的测试和评价标准。

3. 国内外常用的儿童体适能测试工具

根据健康体适能包含的内容，不同国家和地区都有不同的测试方法和评价标准，这些测试结果成为指导人们科学健身和进行运动干预的基础。

国内目前还没有专门针对自闭症儿童体适能测量的工具，现有的主要标准是《国民体质测定标准手册（幼儿部分）》，现有的针对少儿的体测工具

（当然也包含我们开发的体测工具）大部分是依照这个手册的标准作出的打分工具。针对 4～12 岁我们国家的手册当然是很有针对性，同时打分的规则很详细，年龄、身高、性别、体重均作为测量项目的参考因子。具体评价指标包括身高、标准体重、10 米折返跑、立定跳远、网球掷远、双脚连续跳、坐位体前屈、走平衡木。具体的评分标准根据年龄、性别的不同都有标准的参考分数。

国外运用较为广泛的体适能测试主要有《美国残疾青少年健康体适能测试标准》（Brockport Physical Fitness Test，BPFT）。BPFT 包含的测试项目由 3 个健康相关体适能内容组成：①有氧功能，包括 PACER 测试（20 米）、PACER 测试（修正 16 米）、目标有氧运动测试、1 英里（1609.344 米）跑/走。②身体成分，包括皮褶测试、体重指数（BMI）。③肌肉骨骼功能，包括肌肉力量/耐力［伏地挺身、优势手握力、卧推、精力俯卧撑、俯卧撑、坐式撑体、哑铃上推、杠铃弯举、推/走（40 米）、轮椅坡道测试、仰卧起坐、修正式仰卧起坐、屈臂悬垂、直臂悬垂、引体向上、修正式引体向上］；柔韧/运动幅度（单腿屈膝坐体前屈、肩部拉伸、修正式 Apley 测试、修正式 Thomas 测试、目标拉伸测试）。

在适应体育领域中，美国体育活动与休闲协会和洛杉矶联合学区于 2007 年发布的《适应体育教育评估量表（第 2 版）》也在适应体育教育实践中得到广泛应用，主要用于辅助教师在适应体育教育中特殊学生的教学安排与教学计划实施。该量表的评价指标体系架构包括 5 个测量维度，即感知运动功能、物体控制类技能、身体移动类技能、体适能及适应性行为。该量表的体适能测试和 BPFT 一致，均将身体成分、肌肉骨骼功能和有功功能作为健康体适能的 3 个部分。具体测试项目如下：①身体成分，包括体重指数（BMI）；②骨骼肌功能，包括肌肉力量与耐力（静力俯卧撑、俯卧撑、仰卧起坐），灵敏性与协调性（立定跳远、灵敏梯、灵敏跑），柔韧性测试（坐位体前屈）；③有氧功能，包括心肺耐力（PACER 测试）。

无论是国内还是国外，目前尚无专门针对自闭症儿童的体适能评估工具。因此，无论是国内的《国民体质测定标准手册（幼儿部分）》，还是国外的适应体育测量工具，在具体的使用和测评过程中，应当紧密结合自闭症儿童的特点，适时地进行调整，以便能够科学、准确地评估自闭症儿童的体适能水平。

第二节　自闭症儿童体育活动的评估流程及注意事项

一、评估前的准备工作

在对自闭症儿童进行评估测试之前，应当提前安排好评估计划，对参与评估的教师和辅助人员进行系统性的培训，在掌握具体的操作使用方法后，才可以进行测评。参与体育活动、基本动作技能和体适能评估的专业人员在评估自闭症儿童时应具备丰富经验和专业知识。

“工欲善其事，必先利其器”，因此做好物质准备非常必要。物质准备主要是做好两方面的工作。首先，要提前准备好评估所使用的用具，评价用具是实现评价目的所使用的工具，主要有各种测验题、试题、调查问卷、评价量表，整理、统计评价信息使用的各种表格和统计汇总评价结果的用表等。要根据需要印制足够的数量。其次，要提前选好体育活动场地、准备好测评要使用的体育器材。有条件的还可准备照相、录音、录像设备和电脑等。利用电脑软件进行统计计算可大大减少人力，提高效率。

其他需要注意的事项主要有：

第一，评估过程中，专业人员应向家长反馈有关孩子诊断的情况，这类专业人员应经验丰富，并且接受过讨论敏感信息方面的临床培训。

第二，参与评估可能患有自闭症的儿童的所有专业人员，应在相互交流以及与孩子的家人沟通和讨论其发现及建议时使用团队方法。

第三，应根据每个儿童的情况进行个性化的诊断和发展评估。

第四，应注意，不能将发展评估视为一项短期工作，而应视为长期跟踪儿童的持续过程。

第五，应认识到，自闭症儿童和普通儿童的不同，在评估时可能需要对标准化测试作出一些调整。评估者应掌握基于课程的工具和基于游戏的方法，这些工具和方法可以为标准化测评工具提供补充，以便能够看出自闭症儿童的真实水平。

二、体育活动及评估过程中的安全提示

无论是对自闭症儿童进行体育活动评估、基本动作技能评估还是体适能

评估，都要将自闭症儿童的安全放在第一位。在测试过程或体育活动时还有一些值得注意的安全问题和建议（见表 4-4），希望能够提高教师和家长相关的安全意识，让自闭症儿童能够在安全的环境和妥善安排下进行体能活动，避免出现不必要的损伤。

表 4-4　体育活动评估的安全建议

安全项目	建议内容
体育活动安排	• 进行体育活动前，教师应留意儿童的身体状况及病历，以确保他们在良好的身体状况下进行体能活动； • 体育活动项目前后要进行足够的热身、伸展和舒缓运动； • 注意饭餐和体育活动的相隔时间不应太短（建议不少于 1 小时）； • 时刻注意儿童的身体状况，若有不适，例如极度气喘、头晕及作呕，应尽快停止活动，让幼儿休息； • 进行活动前应给予儿童清晰的指示，并确定他们进行活动时听从指示； • 儿童应穿着合适的运动衣服及鞋袜，不宜佩戴饰物； • 确保有足够的人手安排照顾幼儿； • 不可在游玩器械（例如滑梯架）上跑、跳跃或追逐； • 不要让过多的儿童使用同一设备，减少碰撞的机会。
环境及器材管理	• 确保每位儿童有足够的活动空间，避免发生碰撞； • 与跑、跳有关的活动，应确保场地没有障碍物阻挡； • 活动范围内的玻璃门、灯和风扇等要安装适当的保护； • 不应以椅子、桌子或大型物件划分活动范围； • 游戏设备和器材须安装牢固，并定期检查及维修，每次使用前亦要再加检查； • 留意进行活动时的天气和环境，避免在高温及湿度太高或太低的情况下进行剧烈运动。
受伤处理	• 学校须根据校本情况，自行制定意外受伤的处理程序，并熟悉当中的流程； • 熟悉学校附近急诊部门的医院位置，呼叫救护车的正确方法和电话号码； • 意外发生时，应尽快通知受伤儿童的家长； • 实时创伤护理不能代替正式的医疗诊治，校方应建议家长在儿童接受实时护理后，再进一步就医； • 测评团队及自闭症学校/其他教育机构中必须有一名持有急救证书或者曾接受过专门急救训练的人员。

第三节　评估结果的运用

一、制订个别化教育计划

由于自闭症儿童身心各个方面的能力及发展并不一致，发展的先后次序也可能与同龄儿童有异。教师须在教学前为他们详细评估，以制订合适的训练目标和计划。

通过对自闭症儿童的体育活动水平、基本动作技能和体适能等进行量化评估，能够很好地注意到自闭症儿童的体育活动参与，同时也能够考虑到环境对其的影响，有利于区分哪些是有利因素，哪些是不利因素，对儿童存在的问题能够进行一个较全面的评估，根据自闭症儿童的具体症状，明确康复目标，制订个别化教育计划。实教期间，教师应当进行进展性评估，检验学习进度，随时修改教学方案；完成教学后，则可作总结性评估，检验教学成效，以便作出修订或作为修订学生下一阶段学习目标的依据。

二、学生班级集体安置

对于自闭症特殊学校/其他教育机构的教师和管理人员来说，除了自闭症症状严重程度和核心障碍外，自闭症儿童的动作发展、体适能以及体育活动水平也是重要的参考指标。“最近发展区理论”强调，儿童发展具有现有水平和潜在水平两个维度。现有发展水平即指儿童不借助他人介入，依靠自身能力解决问题的水平；而潜在发展水平则是在他人的介入下，儿童表现出的处理问题的能力，现有发展水平与潜在发展水平之间的差距则为最近发展区。因此，根据自闭症儿童的动作发展、体适能以及体育活动水平的测量评估来确定其最近发展区，也有利于教师对学生进行集体安置、分组教学。例如：根据学生的动作发展和体适能水平，将学生划分为初级班和提高班，在初级班中，自闭症儿童以走、跑、跳等基础性技能教学为主，当儿童基本掌握时应提升内容难度，减少基础技能的安排，增加踢球、拍球和投掷动作等过渡性技能的内容比例，待儿童的技能发展达到新的水平后，则调整内容难度，增加足球、篮球等专门性技能的内容比例。

三、适应体育康复研究

动作障碍或缺陷已成为自闭症儿童的重要表现特征之一，了解自闭症儿童的真实运动水平显得极其重要。然而，无论是体育活动、动作技能发展还是体适能测量，目前国内都没有专门适合自闭症儿童这一特殊群体的统一标准测量工具，主要还是依托普通儿童和其他类型特殊儿童的评估量表。因此，对自闭症儿童体育活动的评价，不仅能够辅助教师制订个别化干预计划以及进行班级集体安置和分组教学，同时，这些评估数据的积累，也有利于适应自闭症儿童体育康复研究的进一步开展。

总之，为了评估而进行的评估是没有意义的。评估最大的目的是能够更好地了解自闭症儿童，能够为有效的学习支持或教育干预提供依据。

课后习题与反思

1. 体育活动水平的测量方法可以分为几类，分别都有哪些形式？
2. 常用的自闭症儿童动作发展评估工具有哪些？
3. 什么是体适能？体适能包含哪些组成部分？
4. 对自闭症儿童进行体育活动测评时，有哪些安全注意事项？
5. 在自闭症儿童动作评估中，有哪些视觉提示策略可以使用？
6. 自闭症儿童的体育活动评估结果有哪些用处？

第五章　自闭症干预措施在体育活动中的应用

本章导读

虽然迄今为止尚无一种特定的治疗方法可以治愈自闭症，但目前有几种比较有效的干预措施可供选择。适当的干预措施能有效地缓解自闭症状，提高认知水平和日常生活技能，并最大限度地提高孩子的活动能力和参与社区的能力。由于自闭症儿童存在明显的个体差异性，每个儿童在社交、动作、行为、认知等方面会显现出特有的优势和短板，所以，选择，制订和实施有效的干预计划便成了成败的关键，在实际应用中，针对不同的症状可采用和结合多种干预措施。鉴于体育活动本身所需环境的特殊性，以应用行为分析为基础，注重自然发生情景的关键反应训练法便成了干预的首选措施。

本章第一节对目前大致的几种干预措施作了简单的介绍，有些是被证明为有科学依据的有效治疗方法，比如应用行为分析法，也有一些方法虽然在现实中仍有人使用，但并未被研究数据所支持。所以，医师及专业人员的正确评估和指导起着至关重要的作用。错误的选择不但起不了任何干预作用，还有可能因错失关键的治疗敏感期而使得今后的干预变得更加困难。本章的第二节首先介绍了适用于体育活动干预的关键反应训练法和课堂关键反应训练法，然后提出其在实践应用中的过程、关键点和注意事项，为体育老师、课外活动辅导员、家长在设计各项体育活动时提供参考和借鉴。

第一节　自闭症干预措施概述

自闭症的干预措施大体可分为以下几大类：行为与沟通干预、饮食治疗、药物治疗以及补充和替代医学治疗。其中，以行为和沟通干预最为重要，又以应用行为分析使用最为广泛。

一、行为与沟通干预

行为和沟通方法主要注重在家庭参与的基础上，为儿童提供有针对性的结构化干预措施。以下为常用的几种行为与沟通干预措施（或方法）。

（一）应用行为分析法

如果你曾与自闭领域有过交集，你一定听说过应用行为分析法（Applied Behavior Analysis，ABA）。应用行为分析指的是一系列的学习和行为“法则”，这些法则关注如何学习和如何发生行为。它构成了众多行为治疗的基本原则。基于 ABA 的干预方法在自闭症谱系障碍（ASD）领域中使用最为广泛，最被大众接受。在国内外医疗保健机构、学校和诊所均被广泛采用。同时，美国心理学会亦认定 ABA 是一种目前基于科学依据上的“最佳”实践治疗方法，具有实用性和有效性。目前，虽然建立在 ABA 基础上的干预计划主要针对幼儿和学龄前、学龄早期的自闭症儿童，也可用于年龄较长的自闭症儿童，甚至成年自闭症患者。

ABA 干预强调利用每一天中的各个机会（有些是事先设计好的，有些是自然发生的机会）来提高和获得技能，鼓励积极的行为并阻止消极的行为。当某一行为被认为是积极的，富有成效的，就会被大量强化；当某一行为被认为是与学习结果无关的，不合时宜的，就不会被强化。当目标行为出现持续进步，强化就会逐渐消减。

这种类型的干预方法可用于针对自闭儿童各种领域的技能，如促进语言和社交沟通能力，提高注意力、认知能力、记忆力乃至学习成绩。另外，还可帮助减少问题行为、暴力行为等。以下为几种常见 ABA 干预类型：

（1）早期开始丹佛模型（Early Start Denver Model，ESDM），这是一种针对 12～48 个月幼儿的 ABA。通过 ESDM，父母和治疗师利用游戏和一些共同参与的亲子活动来帮助孩子提高社交、语言和认知技能。此方法可在不同的情景下进行，包括在家、诊所或学校，既可进行一对一干预，也可在小组里进行。有研究表明这种方法对不同的儿童均可使用，特别有助于儿童在社交技能、语言技能和认知技能方面的提高。家长参与是使用 ESDM 的关键，所以相关专业人员应该给家长解释并模拟相应策略，以便家长可以在家中持续干预。

（2）早期强化行为干预（Early Intensive Behavioral Intervention，EIBI），这是一种针对年龄较小儿童的 ABA，通常小于 5 岁，甚至可小于 3 岁。EIBI 使用高度结构化的教学方法来建立积极的行为（例如社交），减少负面行为（例如发脾气、攻击性行为、自伤等）。EIBI 需由受过相关培训的专业人员在一对一环境下实施。

（3）关键反应训练（Pivotal Response Training，PRT），PRT 注重儿童发展过程中的关键领域（比如学习动机等，详见本章第二节），强调在自然发生的情景下，提高孩子的学习动机，监控自己的行为，自发地与他人交流。这些关键行为上的积极变化被认为会对其他领域，如社交、动作、认知等方面，产生广泛的影响。

（4）回合式教学（Discrete Trial Training，DTT），回合式教学指的是一种教学风格，它利用一系列的尝试机会来教授孩子所需的目标行为中的每一步骤。目标行为会被事先分解为多个简单的步骤。每个教授课程侧重某（几）个简单的步骤，强化、奖励正确的答案和行为，忽略不正确的答案，最终习得目标行为。

（二）社交技能培训

此类培训注重提高孩子与他人互动时所需的社会交往技能。社交技能可包括游戏技能，语言沟通技能，情感理解、表达和控制及处理问题技能，等等。社交技能帮助孩子知道如何在不同的社交场合采取什么样的行动，如何与其他小孩子结交成为朋友，如何在交往中发现自己的兴趣爱好并与他人分享。它还可以帮助孩子感受家庭关系。良好的社交技能对孩子的心理健康和他们整体生活的质量至关重要。

自闭症儿童需通过反复练习提高他们的社交技能，主要策略包括游戏练习、称赞鼓励、角色扮演、社交故事、参加技能训练、视频演示等。例如在进行游戏练习时，家长可以通过使用玩具来表演场景，您可以拥抱一只泰迪熊，然后喂饭给泰迪熊，也可以和几只泰迪熊一起过家家，或者可以设置幼儿园的场景来给孩子模拟一些故事。选择一些符合孩子发展阶段的游戏活动和孩子一起参与，如一起捉迷藏、踢球等，大一点的孩子可以选择一些有点难度的游戏，如一些棋类、足球游戏等。在游戏过程中提示孩子轮流遵守规则，并在孩子这样做时表扬他们，例如，家长可以说“轮到我了”，“现在该轮到你了”。当孩子让家长或别的孩子玩时，家长应当作出表扬。另外，要记得在转变到不同的情景下，仍然让孩子练习这些技能。在使用社会故事和角色扮演时，家长可以尝试设计一些可能发生冲突的情境，比如“弄坏了其他小朋友的玩具”，然后可以通过角色扮演展示可能的解决方案。其他可使用的冲突情景有“不喜欢晚餐做的东西”“不能打开电脑”等等。家长均可事先想好可能发生的情景，然后和孩子一起进行角色扮演。

（三）职业治疗

此类治疗需通过职业治疗师教授孩子独立生活的技能，最大限度地提高孩子的日常生活能力，可能包括穿衣、吃饭、洗澡等基本生活技能。职业治疗通常包括：（1）个性化评估，在干预期间，孩子、家长和职业治疗师确定个性化目标；（2）量身定制干预措施，以提高人们进行日常活动和实现目标的能力；（3）结果评估，以确保实现目标或更改干预计划。职业治疗从业者从个人整体目标出发，重点帮助孩子适应环境，或让所从事的任务更适合个人，所处的情景也更符合个人。

（四）物理治疗

自闭症儿童除了在社交行为、沟通技巧和刻板行为等方面存在核心困难外，还常面临动作发展障碍、身体姿势控制和动作协调方面的问题。物理治疗是在这些障碍变为永久性之前对其进行检测和纠正的治疗措施。它适用于那些有动作发展障碍、肌肉张力低下或有某些身体机能问题（如呼吸控制问题等）的儿童。物理治疗可帮助开发适合自闭症儿童的动作技能，帮助孩子参与到日常各项活动中去，并有可能与同龄人一起参加更多的体育活动。目前，物理治疗被认为是自闭症儿童早期综合干预的重要一环。尽早地让孩子进行物理治疗能有效地提高孩子的日常生活质量。同时，家长的积极参与有助于提高治疗效果。

（五）感觉统合治疗

感觉统合是指大脑对来自环境的感觉刺激进行整合和解释的神经生物学过程。换而言之，感觉统合指的是在不同的环境中，有效地利用不同的感官（视、听、味、嗅、触、前庭、本体觉）获得信息，通过大脑进行处理，从而作出适应性反应的能力。所以，感觉统合功能障碍是一种感觉输入在大脑中没有得到适当整合或组织的障碍，其问题可能会出在发育过程中，在信息处理和行为表象上出现不同程度的障碍。

感觉统合疗法旨在帮助有感觉统合障碍的孩子（包括自闭症儿童），让他们以结构化、重复的方式接受感觉刺激。其背后的主要观点为，通过反复感官刺激，孩子们的大脑会随着时间的推移逐渐适应，能更有效地处理感觉信息并作出适当反应。此类治疗需通过职业治疗师对儿童进行评估，制订相关计划实施。

（六）言语能力治疗

此类治疗侧重于提高言语沟通能力。对于自闭症儿童而言，言语沟通能力因人而异，在整个自闭谱系中，有的自闭症儿童根本无法说话，但也有儿童非常喜欢说话，只是他们在与人交谈中难以与人产生对话，或难以理解肢体语言和面部表情。所以，此类治疗对某些儿童来说，主要是教授口头言语交流技巧；然而，对于另外一些儿童来说，教会他们如何使用手势、肢体语言，或通过使用画板促进沟通可能会更加实际。简而言之，言语治疗的目标可以包括提高口语能力、学习非语言技能（如手势或肢体语言），或学习使用替代方法（如图片或技术）进行交流。言语治疗可包括：加强口腔、下巴和颈部的肌肉功能，使语音更清晰，将情绪与正确的面部表情相匹配，理解肢体语言，对问题作出回答，将图片和含义进行匹配，调节语调等等。

（七）辅助技术干预

主要指使用通讯板报或电子平板电脑设备，帮助 ASD 儿童与他人进行交流和互动。例如，使用平板电脑中的相关应用软件，通过不同图片符号及相应提问和回答来教授交流技巧。

（八）地板时光

此类治疗方法基于生长发展模型，对有发展迟缓问题的儿童（包括自闭症儿童）进行评估和了解，从而发现孩子发展特征并进行干预。其治疗目标不只局限于症状和行为的表象。在很大程度上会专注到情感表达，与照顾者（主要指父母或日常照顾人员）之间的关系等。此模型概述了自闭症儿童可能错过或未掌握以下六个核心发展阶段：

第一阶段：对外界的兴趣和理解。能与照顾者相处，能在所处的环境中保持安静。

第二阶段：参与和建立关系。对另一个人和外界感兴趣，与主要监护人建立特殊亲密关系。

第三阶段：双向有意义沟通。儿童和照顾者之间有简单的来回互动、微笑、挠痒痒等。

第四阶段：表达社交问题。能使用手势、互动、发声来表示需求、快乐或不安；会寻找一位照顾者帮助表达问题，使用非语言技能来表达意图或需求。

第五阶段：使用符号表达想法。会使用文字、图片、符号来传达意图、想法；能交流自己的想法，而不仅仅是表达需求。

第六阶段：链接想法。能表达连续想法，这个阶段是逻辑、推理、情感思维和现实感的基础。

大多数正常发育的儿童在 4 岁时就已经掌握了这些技能。然而，患有自闭症的儿童往往挣扎于或错过了其中一些重要的发展阶段。通过对孩子的引导和有意义的互动游戏，相关基本技能就会得到提高。

（九）自闭症及相关沟通障碍儿童的教育治疗法

自闭症及相关沟通障碍儿童的教育治疗法源于行为治疗，同时又结合了认知元素。其认为一些典型的自闭症状与感知和理解问题相关，所以其干预策略并不直接作用于行为，而是作用于自闭症根本的感知和理解问题，例如孩子不了解人们期望做什么或接下来会发生什么。由于自闭儿童通常被认为是以视觉学习为主导的，干预过程中主要使用视觉图表指令教授孩子目标行为。例如，使用图片卡将目标信息分解成小步骤来教孩子如何穿衣；使用日常时间表引导孩子在不同的时间段完成目标任务和日常学习生活流程。

二、饮食治疗

饮食治疗是基于食物过敏或缺乏维生素和矿物质会导致自闭症状的治疗方法，要求改变自闭症儿童饮食结构，包括从儿童的饮食中去除某些食物，服用某些维生素或矿物质补充剂。一些父母发现饮食的改变会对孩子的行为有所影响。然而，有学者在 2017 年对 19 项随机对照试验的系统评价中发现，几乎没有证据支持饮食治疗。如果您正在考虑改变孩子的饮食，请先咨询医生或营养师，以确保孩子的饮食包括生长发育所需的维生素和矿物质。

三、药物治疗

目前并没有特效药物可以治愈自闭症或治疗核心症状。但是，有些药物可以帮助某些 自闭症儿童改善功能。例如，某些药物可能有助于控制集中注意力、焦虑和抑郁、自伤行为或癫痫发作等。药物对不同儿童所起的作用不尽相同，所以家长与医疗保健专业人员的合作非常重要。必须在孩子服用药物时密切监测进展和反应，以达到治疗效果的最大化。

四、补充和替代医学治疗

为了缓解自闭症状，一些父母和医疗保健专业人员会选择常规治疗方法之外的治疗方法。这些方法被统称为补充和替代医学治疗。它们可能包括一些特殊饮食、膳食补充剂、螯合（一种去除体内铅等重金属的治疗方法）、生物制品（例如促胰液素）或身心调节治疗。许多这些治疗方法的有效性尚未得到研究。此外，对螯合研究的回顾发现了一些有害证据，但没有证据表明它对治疗自闭症儿童有效。有研究表明，多达$\frac{1}{3}$的 ASD 儿童的父母可能尝试过此类治疗，多达 10% 的人可能使用过具有潜在危险的治疗方法。所以，在开始此类治疗之前，请咨询孩子的医生。

第二节　关键反应训练法在体育活动中的应用

在以往相当长的一段时间，由于动作障碍和运动功能低下并不被认为是自闭症的核心缺陷，因此，通常在制订干预计划时很少涉及与动作和运动能力相关的评估和治疗。然而，最近越来越多的证据显示自闭症儿童的动作障碍和运动功能低下应属于自闭症核心症状。所以，有文献指出，提高孩子的基本动作能力，促进体育活动不仅可以提高他们的运动技能，还能提高社交沟通能力，对自闭症状的改善起到关键性的作用。鉴于体育活动本身所需环境的特殊性，注重自然发生情景的关键反应训练法便成了干预的首选措施。所以，此章节就以关键反应训练法为例，阐述其在动作干预上的应用。

一、关键反应训练法

关键反应训练（Pivotal Response Training ，PRT）最早由加州大学圣他芭芭拉分校的 Robert 和 Lynn Koegel、Laura Schreibman 在 20 世纪 80 年代开发。此训练法与其他传统训练相比较，更强调自然环境下的教育，通过提高自发学习动机帮助儿童获得关键技能，进而对其他发展领域（如语言、社会互动、认知能力等）产生衍生影响。

使用 PRT 进行干预，主要强调：

（1）将干预任务与日常活动结合在一起。作为一种自然干预，孩子的父母和相关从业者可以将 PRT 应用于孩子的日常生活和游戏中。所选择的情景可以是每日早晨洗漱、和孩子日常散步、在公园游戏、外出吃饭、洗澡等。

（2）针对关键技能。与单独地教授许多不同技能的方法相比，选择关键动作技能进行干预所产生的泛化作用更强。在最初干预过程中，基本动作技能（如跑、跳能力等）是首选，由易到难，逐步提高孩子的动作技能和运动能力。

（3）儿童和家长的积极态度。在设计体育干预任务时，尽量要做到让孩子觉得有趣、好玩。整个干预过程中应让孩子觉得轻松、自然。同时，让父母也能积极参与到各项活动中去，这样可以提高父母对干预的信心。积极正面的态度是“会传染的”，快乐的父母可以带来快乐的孩子，快乐的孩子又积极地影响父母。这里的关键是孩子和父母的积极互动，让孩子更愿意参与到干预中，调动起他们对动作学习的主观能动性。

（4）对父母及家庭其他成员的教育。家长的积极参与往往是干预中的重要一环，在制订干预计划时，专业工作者应与家长合作，了解孩子的个性特点，制订可行计划。例如，父母可以帮助挑选活动玩具或在游戏过程中教孩子用什么玩具等。当专业人员提供系统干预的同时，家长能积极配合，在日常其他情景中也能得到重复练习，所有这些都会对孩子关键技能提高起到积极作用。所以，PRT 中各种形式的家长培训（团体培训或个人自主学习）应当受到家长重视，并能积极参与。

二、课堂关键反应训练法

课堂关键反应训练（Classroom Pivotal Response Treatment，CPRT）是在 PRT 的基础上稍作调整，此训练为的是能更好地实施到课堂教育或团体活动的情景中。CPR 中有 8 个重要组成部分。这 8 个部分可以分为前提策略（学生注意力、清晰恰当的指令、难易结合的任务、分享控制权、多重线索）和后果策略（直接强化、偶然强化、强化尝试）。在对目标技能（如基本动作技能）进行教授（干预）时，相关工作人员（如体育老师、教练）使用这些策略。理想的干预结果不仅仅包括目标行为的改变（如动作技能和运动能力），所涉及的其他儿童发展领域也出现变化（如因参加体育活动，产生的社交机会更广泛多样，孩子的社交技能也得到了提高，使用的语言更丰富等）。课堂关键反应训练法框架见图 5-1。

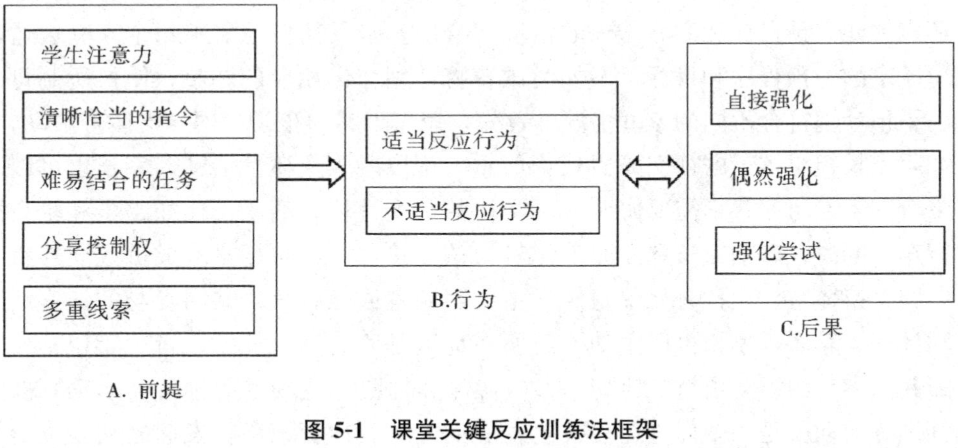

图 5-1　课堂关键反应训练法框架

三、实施应用

（一）制定可行和有意义的干预目标

（1）确定孩子的动作需求。孩子的需求应通过日常生活观察、父母访谈，以及专业评估进行综合评定。在最初制定阶段目标时，不要期望孩子在动作技能和运动能力上能在短时间内达到同龄儿童的平均水平。一定要根据孩子目前的发展水平，制定实际可行的目标。一般来说，目标动作应在孩子原有水平上有所进步，能通过提高孩子的学习自主能动性获得。同时在学习目标动作的过程中，能对减轻自闭症的其他核心症状有所帮助。

（2）制定社交目标。在确定动作目标的同时，应制定社交目标（如对视时间增加，向老师或其他孩子提出问题，单独玩的时间减少等）。在记录社交活动时，可仔细观察此次社交情景中孩子沟通的目的是什么，在孩子出现沟通行为之前发生了什么，口头交流听起来有什么（如出现了新学的词或反复出现同一个词等），交流行为发生在什么地方，和谁出现交流等。这些信息有助于制定相关干预任务，同时检测社交目标的可行性。

（3）注意观察孩子的反复刻板行为和破坏性行为。在干预初期，可以不用将干预重点放在此处（除非这些行为特别具有干扰性和危险性）。取而代之的是，努力提供目标行为的学习机会，提高孩子自主学习动机，并增加功能性交流，从而使得那些刻板、攻击行为被间接地弱化了。

（二）将孩子的特性和家庭因素纳入干预计划

在制订干预计划时，应考虑孩子的优势、兴趣以及家庭偏好和价值观，还应关注干预目标和家庭需求的情境契合度。与其简单地要求每个家庭去适应既定的干预程序和目标，不如尝试着将计划作出相应的调整，使得所制订的干预计划符合不同的家庭情况。首先，思考谁将与孩子一同参与体育活动，如果家长担心孩子的社交障碍较为严重，难以融入集体性活动，家长也可以带着孩子参与一些不需要协调人际交往的个人性体育活动，比如跑步和骑自行车。同时，鼓励家长和专业工作者为孩子建立一个包括家庭成员或同伴在内的支持体系，制订有兄弟姐妹、主要照顾者或社区伙伴共同参与的体育活动计划。其次，家长可以主动了解所在地区是否有适合儿童、青少年包括残障儿童参与的运动项目。比如，参与特殊奥林匹克运动（简称特奥运动）及其训练活动就是一个促进运动技能发展的方式。尽管该项目发起之初是为全世界智障人士提供体育活动参与机会，帮助特殊障碍人士获得自尊自信，现如今自闭症人士同样可以参与其中。特殊奥林匹克委员会通过与全球不同区域的特殊障碍学校合作，为障碍人士提供各种运动项目的训练与比赛机会，这些运动项目的规则大多经过改良，以适应障碍人士的需求。如果家长希望孩子参与其中，可通过“国际特奥会”公众号了解相关资讯，或向住所附近的特殊教育学校询问是否有特奥项目的合作试点。

（三）设计干预任务

（1）场景、器材、活动、指令的多样化。在设计活动任务时，应尽量安排不同场景，提供不同活动器材（如跳呼啦圈、跳绳等），这样可以让孩子在参与活动时有一定的选择性，同时可保持孩子对干预任务的兴趣和参与度。干预任务最好能与日常生活情景融合，这样有助于孩子在平时生活中作出目标反应。在干预过程中，所使用的教学指令应根据孩子的功能水平，由易到难，选择不同的提示方式，如口头加示范提示（有或无肢体接触，示范提示、口头提示等）。时刻观察孩子在任务中的反应（如注意力不集中，试图离开当前任务等），这些反应表明他们变得无聊了，是时候换一个项目。换任务的时间最好是在孩子对前一个任务没有完全失去兴趣之前。

（2）考虑将孩子的兴趣融入既定的干预任务和例程中。有时，孩子会对某些干预任务有自然的抵触，这时可考虑怎样把孩子的兴趣融入任务中。例如，一位妈妈希望她的孩子去学习游泳，但经常遭到拒绝，孩子还发脾气。妈妈就决定在干预任务中融入她喜欢的东西。于是，妈妈带上漂亮的橡皮鸭子，当她的孩子开始愿意下水学习时，妈妈便逐渐减少鸭子数量。这种用孩子喜欢的物品去引导孩子进行目标行为的方法是非常有效的。

（四）干预活动的选择：以孩子为主导

在设计活动计划时，首先要根据儿童的需求、兴趣及运动项目特征与儿童动作能力的适配度，为孩子提供不同的选项。根据一些受访谈的自闭症儿童家长反馈，能引发自闭症儿童内部动机的喜爱的运动项目有蹦床、秋千、保龄球、游泳等个人运动，网球和乒乓球等隔网项目，以及 AR 体感运动游戏。对于日常体育活动水平较高的自闭症儿童而言，他们更倾向于选择足球、篮球等团队运动；而日常体育活动水平不足的自闭儿童则喜欢画画和一些角色扮演性质的徒步运动。

在确定了自闭儿童所乐于参与的选项后，跟随孩子的引导，让孩子选出他所喜欢的活动器材和项目，观察孩子在作出选择时的反应，确定孩子接下来是否对所选的活动有兴趣。如果孩子开始伸手玩弄所选器材，并表现出愉悦的情感（如微笑，出现眼神交流），那所选的相关器材就决定了下一步的需要实施的干预任务。随着干预的逐渐深入，家长可以将选择机会融入自然发生的日常活动中。让孩子觉得自己在生活中的参与度增加了，更能提高孩子的学习能动性。例如，孩子在跳完蹦蹦床后，可以问他是想要走到秋千那儿荡五次秋千再回去还是直接跑回去？如果现在需要做精细动作训练，可以让孩子选择笔或剪刀的颜色和纸张。这样在提供给孩子选择机会时，也给孩子提供了出色的语言交流和发展的机会，更有助于动作干预对社交、语言能力的泛化效果。

（五）干预过程中的注意点

（1）通过共享控制，初步建立孩子参与活动的主观能动性

共享控制通常是指在一个限定活动项目里，成人（家长、老师等）和儿童在干预活动中轮流扮演不同的角色，让孩子有更多的尝试机会。通过每一次轮流的机会，孩子不仅可以得到更多机会练习目标动作，表达自己的想法，还能学到什么是分享，并能强化对某一项目的注意力。共享控制是建立主观能动性的重要一步。

（2）吸引孩子的注意力

在进行干预时，当要发出指令或提出问题时，应当事先吸引孩子的注意力。吸引注意力的方法包括：叫孩子的名字、拍拍孩子的肩膀、发出热情的声音或短语、快速挠痒痒、进行眼神交流等。

（3）使用清晰、自然的多种表达指令

一旦吸引到孩子的注意力后，干预者（家长、老师或相关专业人员）应使用简短、自然而明确的指令。刚开始干预时，可提供尽量多的目标反应线索，然后逐渐递减，直到孩子在没有任何提示下能独立完成目标任务。常用的提供线索的方法有：①模仿正确的反应（可以是通过视频、图片，或老师现场示范）；②提供两个选项，让孩子选择他们认为对的反应；③在孩子具有一定表达能力时，可使用一系列引导性的问题，引导孩子思考后作出决定；④在作出提示前，给孩子一定时间思考（3～5 秒钟）。例如，孩子想让老师把球滚回他身边，此时，老师可以先不给予提示，看孩子是否发出请求。如果此时孩子说出了“球”的声音，老师就可以把球滚回去，如果此时孩子没有作出任何反应，此时老师可以尝试着问：“要把球滚回去还是轮子滚回去（提供两个选项）？”或者问：“把什么滚回去呢（给予引导性的问题）？”

（4）注重让孩子即时尝试

在作出提示后，要注重给孩子机会去尝试，每次尝试要直接且有目标导向。尝试后立即作出直接反馈，对正确的反应、动作和行为作出积极鼓励，并给予更多机会让孩子进行强化练习。如若孩子作出的反应不是目标反应，则不给予鼓励（即弱化不合时宜的反应），并对正确反应作出进一步提示，给孩子新的机会尝试。在尝试过程中，注意孩子的情绪变化，尽量在孩子出现正面情绪（即快乐、感兴趣、有热情和亲社会行为）的情景下，提供更多的机会。这里需要注意的是不要用食物作为正向鼓励的强化物，照顾者应加强对儿童非食品强化物的发掘和使用（比如多给予五分钟的自由活动时间）。

（5）强调挖掘孩子的主观能动性

鼓励孩子提出问题。提问与学习能动性密切相关。让孩子提问是把学习主动权从家长转移到孩子的身上。很多时候，家长通过提问主导着整个学习互动过程。在干预过程中，尽量让孩子独立提问，由孩子启动整个互动过程，能增强他们的学习参与度，有助于维持孩子对学习的兴趣。在参与体育活动中，多鼓励孩子提问，除了有助于动作技能的提高，还可扩大孩子的社会交往范围，提高语言交流能力。

（6）强调孩子对多重提示（线索）的反应

通过不断的鼓励，逐渐让孩子对不同提示线索和情景作出正确反应。在干预初期，尽量提供相对比较简单的干预任务，让孩子建立起正确反应的信心。然后，逐渐地增加不同线索，提供不同场景，让孩子能对更复杂的任务作出反应。这里需要指出的是，任务的复杂度需要考虑到孩子的认知发展水平，对年幼儿童或主观能动性较低的儿童，不要强求那些与个体发展不符的干预任务。

（7）强调孩子的自我管理

在很多情况下，孩子只愿意沉迷在自己喜欢的活动中，在玩不下去的情况下，乱发脾气也是非常常见的，所以教会孩子如何收手，如何寻求帮助也是非常重要的。在参与多人活动中，孩子会因为一些社交障碍或行为问题影响到他人，因此培养孩子的自我管理能力也是干预的一个重要环节。

①活动结束

在活动即将结束时，给予直接指令“活动结束”，同时，转移孩子的注意力到其他的地方，尽快地将孩子带离原先的活动区域。随着孩子对“活动结束”的概念加强了，可让孩子参与一定的清理工作（如把散在外面的球捡回来）。刚开始清理的时间应短一点，否则孩子又会重新玩起来。渐渐地，孩子建立起了对“活动结束”指令的正确反应，知道在清理工作后就应该做他重新选择的新任务。

②寻求帮助

教会孩子如何寻求帮助可帮助孩子减轻他们的挫败感，减少出现不合时宜或破坏性的行为。在干预初期，在孩子刚刚表现出发脾气或其他类似行为时，家长或其他干预人员可示范适当的请求帮助的方法并提供帮助。逐渐地，在提供帮助之前，家长可提示孩子使用适当的交流方式寻求帮助，让孩子学会作出正确的反应，最终教会孩子可以通过适当交流（符合规范的行为等）得到想要的帮助。

③案例

家长可以考虑使用角色扮演和社会故事法为孩子即将参与的活动建立“规范”。以下案例以第一人称讲故事的方式，帮助儿童提前建立与同龄玩伴一起打乒乓球的行为规则意识。更多策略亦可见第六章。

> 瀚瀚要去球场打乒乓球，小区里会有两个朋友和他一起玩。看到朋友们后，瀚瀚会走上前去和他们打招呼并握手。然后其中一个朋友将确定大家对打的顺序，瀚瀚会接受他在任何顺序开始。当没有轮到瀚瀚的时候，他会为正在对打的朋友计分。当瀚瀚的一个朋友打出好球时，他会说：“好球!”轮到瀚瀚时，他会努力去接每一个来球。有时，瀚瀚的回球会下网，或者出界，这可能让瀚瀚感到沮丧，他可能想大喊大叫、哭闹耍赖。瀚瀚可以生气，但大喊大叫和哭闹耍赖是不行的。如果瀚瀚感到沮丧，他可以说“不玩了”，但他需要去把他打飞的球捡回来，在一旁等待下次上场。如果瀚瀚特别沮丧，他可以说，“我需要上厕所”，然后去厕所冷静一下。在厕所，瀚瀚应该在手机上设置3分钟的倒计时，他不想离开朋友太久。回来以后，瀚瀚将继续努力和他的朋友们一起打球，直到每个人都打完3局。比赛结束后，瀚瀚会说：“真有趣，谢谢你们出来陪我一起玩。”然后瀚瀚向朋友挥手道别，去停车场找等候自己的妈妈。

（六）注重干预过程中孩子的变化

在整个干预过程中，家长和干预人员应密切观察孩子在各方面的变化，对干预进度进行阶段性的检测和评估，如果达到阶段目标，则可继续进行下一步干预，如果没达到阶段目标，不要急着修改干预计划，首先应寻找可能影响目前干预效果的原因，很多时候是干预计划在实施过程中与原计划契合度不是很高，尽量在提高计划契合度的情况下，去考虑是否有必要修改干预计划。

表 5-1　自闭症儿童适应性体育活动改良建议

	具体建议
环境结构	1. 可预测性和熟悉性很重要，应遵循熟悉的锻炼计划。 2. 在同一空间进行训练。 3. 使用视觉线索指示儿童的位置并区分所用的空间。 4. 在设置环境时考虑孩子的需要。 5. 使用视觉图片时间表，这种方法有助于自闭症儿童理解课时的进展。 6. 留出时间让孩子适应任何新的活动。
活动改良	1. 主观能动性低的儿童可能需要个性化课程或独立活动，主观能动性高的儿童可能会受益于多人团体活动。 2. 提供不同的有趣的活动选择。 3. 使用可调整设备来适应儿童的运动障碍。 4. 根据个人能力逐步增加难度。 5. 在一堂课内给予足够的时间进行热身和放松。 6. 给孩子足够的休息时间。 7. 注意孩子的负面行为，如发脾气、不听话和自残行为。如果观察到这些行为，要求孩子中止活动，学会表达与沟通。向监护人寻求解决消极行为的最佳方法与建议。 8. 使用心率监测器来监测运动表现，对于不习惯佩戴设备的儿童，使用图形量表来评估劳累程度。（对于在服用抗精神病药物的儿童，建议使用自感劳累量表，因为药物会影响休息和运动时的心率和血压。） 9. 鼓励父母让孩子参与日常家务，将体育活动纳入孩子在家的日常活动。
指导、反馈与强化	1. 避免冗长的口头指示，指示要简明扼要。 2. 尽可能结合口头和视觉指示。例如，使用可视化的图片时间表和指令。 3. 在需要的环节提供指导。 4. 和一个同龄伙伴/兄弟姐妹一起锻炼对孩子来说是有引导和激励作用的。 5. 用称赞和击掌的方式来加强口头和手势含义。 6. 在活动中休息，允许做满足感官需求的活动。使用贴纸、小玩具或健康食品来引导他养成坚持锻炼的习惯。

（七）补充注意点

（1）干预时长与频率

此章节主要介绍了使用 PRT 进行干预的一些关键点，有研究报道，在 PRT 基础上的体育干预，最短可以在两周内就能明显提高学龄儿童基本动作技能。这里必须要注意的是干预效果会受到很多因素的影响，比如孩子原本的发展水平、家长的参与度和支持度、干预环境（学校体育场、社区锻炼场所等）等。家长参与度的提高在某种程度上说是延长了干预时间，增加了干预频率。如果家长能利用日常生活中的每一次机会，不断强化孩子正确积极的行为反应，弱化不合时宜的反应，对最终干预目标的达成有着积极的意义。所以整个干预的时长和频率到目前为止国内外并没有一个明确的指导意见。最终干预计划的实施还是需要家长、专业人员在确定目标行为后通过综合评估才能确定。

（2）自闭症相关症状的鉴别

最后有一点需要注意的是自闭症儿童和没有自闭症的同龄人一样会生病、会受伤。所以，在干预期间，定期的体格检查和口腔检查应该也是孩子治疗计划的一部分。不要将某些因健康状况引起的不适或行为与自闭症的常见症状相混淆，从而延误了治疗时机。例如，撞头可能是自闭症的症状，但也可能是孩子头痛或耳痛的迹象。在这些情况下，需要进行彻底的身体检查。监测健康发展不仅意味着关注与自闭症相关的症状，还要关注孩子的身心健康。自闭症儿童适应性体育活动改良建议见表 5-1。

课后习题与反思

1. 自闭症的治疗方法大体可分为哪几大类？有哪几类迄今为止仍旧缺乏相关科学数据的支持？

2. 什么是应用行为分析法？在应用行为分析法的基础上，能否举出一种干预模型？

3. 基于行为与沟通干预，除了应用行为分析法，还有哪一些干预方法？对于每一种方法，它的主要干预方向和特点是什么？

4. 什么是关键反应训练法？什么是课堂关键反应训练法？两者之间最为主要的区别是什么？

5. 在使用关键反应训练法制定活动干预目标时需要注意哪些事项？

6. 在设计活动干预任务时，可在哪些方面作出调整？

7. 在选择干预活动项目时需要以谁为主导？为什么？

8. 在活动干预过程中有哪些注意事项？

9. 请用社会故事法讲述，如何让一位自闭症儿童了解到在小区活动区域与其他儿童一同玩秋千的行为规则。

10. 在自闭症干预过程中，为什么家长的支持和参与极其重要？请举出一个例子说明观点。

第六章　自闭症儿童适应性体育教学指导策略

本章导读

在自闭症儿童干预过程中，除了专业医师的指导、评估和家长的积极配合外，教师的参与也同样至关重要。特别是在动作干预方面，体育教师所起的作用更是十分关键。此章节将着重论述体育教学指导、课堂任务制定和体育教学中所要认真对待的教学原则和策略，为体育教师或特教教师对自闭症儿童进行体育教学提供指导与参考。

本章第一节阐述了体育活动的多元融合谱系原则，并以其作为指导工具帮助教师选择和制定融合教育背景适合不同能力水平的儿童共同参与的体育活动方案。第二节介绍了在设计适应性体育教学计划时需要考虑的影响教学相关因素（STEP 原则），包括学生、任务、活动器械、人员支持和安全考量。第三节针对自闭症儿童在体育活动中面临的主要挑战，提出了在体育课堂教学中的相应指导策略，例如强调沟通和社会参与；考量不平衡身体发展和狭窄兴趣范围；利用辅助性科技和行为强化等。最后，通过一个案例分析来帮助了解教学指导策略在实际教学中的应用。

第一节　体育教学中的多元融合谱系原则

教师在日常体育教学中面对的最主要挑战之一是学生运动技能和身心发展的多样性。由于自闭症儿童自身的特点，他们参与常规体育活动难以有收效。所以，为满足不同学生的体育活动需求，我们可以采用体育活动的多元融合谱系作为指导工具来制定相应的教学内容和教学策略。多元融合谱系的概念是由美国学者约瑟夫·温尼克（Joseph Winnick）在 1987 年提出的一种体育活动或体育教学设计方案，目的是帮助教师选择和制定在融合教育背景下适合不同能力水平的儿童共同参与的体育活动方案。多元融合谱系原则指的是根据教学目的和体育活动特点运用不同层次的包容性设计来帮助教师制定教学策略以满足学生的学习需求。

1996 年，英国学者肯·布莱克（Ken Black）进一步发展了体育活动中的多元融合谱系原则，使教师有了更多可选择的模式来组织学生进行体育活动（见图 6-1）。最重要的不同之处在于，通过赋予该谱系不同圈层中的不同要素以同等的重要性，使体育教学中的包容性从等级式结构变为更具操作性的分层级教学。多元融合谱系原则不仅可以为自闭症儿童创造多种形式的同普通儿童合作学习的机会，而且基于教学环境的不同，可以通过改变组织形式和教学方法去引导学生提高学习兴趣。在一些包括舞蹈、游戏和基本动作技能学习的体育活动中，教师可以根据学生的能力、兴趣和个人特点，有目的地对体育游戏规则作出一定调整或运用特定的器材来组织教学，提高自闭症儿童的参与度和运动量，从而达到学习目的。

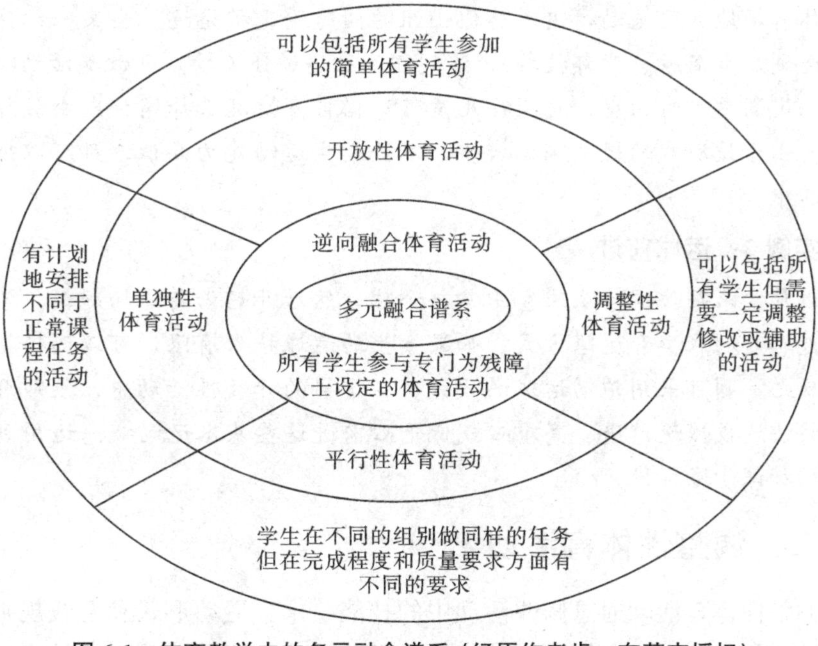

图 6-1 体育教学中的多元融合谱系（经原作者肯·布莱克授权）

多元融合谱系将体育活动分为五种教学形式。开放性体育活动是指不需要做任何修改或调整，即可囊括所有学生的教学形式。调整性体育活动是指那些可以包括所有学生，但需要作出一定调整、修改或提供辅助的教学形式。平行性体育活动是指根据学生能力、特点进行分组，学生在不同组别完成相同任务，但完成标准因组而异的教学形式。单独性体育活动是指有计划地对有特殊需要学生单独开设的不同于普通课程的教学形式。逆向融合体育活动是指将普通学生融入专门为残障儿童和有特殊需要儿童设计的体育活动的教学形式。基于学习任务和课堂结构，教师可以根据班级需求选择一种或多种教学形式提高学习效果。

一、开放性体育活动

开放性体育活动是多元融合谱系原则中最为直观的设计。由于此类活动较为简单，活动形式和规则在大部分情况下没有必要进行调整或修改。例如同伴追逐游戏主要包括走跑技能，学生可以选择不同的跑速和形式参与游戏，分享参与游戏的快乐。

实例 1：同伴追逐

每个人找到一个同伴形成两人小组。教师发出信号后，所有结伴小组一起在体育场地开始跑动，追逐其他小组的同时避免被追逐。当某一结伴小组被追逐到后（肩膀、背部被拍），追逐组和被追逐组互换。开放类活动赋予了学生一定的参与自由度，自闭症儿童可根据自身情况选择同伴或由教师直接指派。由于该游戏的规则限制较少，不论学生运动能力高低，都可以很好地参与其中。

实例 2：运球前进

教师要求每位同学从球筐中拿一个球，然后开始沿着球场跑动。学生可以挑选喜欢的球类和运球方式。如果学生的运球技术有限，可以选择抱球前进；反之，则可采用跑动运球的方式。在这样的开放性活动中，教师可以很好地将快速或慢速前进、高重心或低重心前进这些基本运动概念运用到活动中以增加课堂多样性。

二、调整性体育活动

调整性体育活动通过修改活动中的技能要求、运动形式和游戏规则，从而帮助自闭症儿童融入体育活动、学习运动技能。体育教师可通过改变活动规则或调整辅助器械来帮助自闭症儿童参与到活动中去。在调整性体育活动中，一些教学策略的调整既可以专门适用于自闭症儿童，也可以面向整个班级从而增加包容性。需要注意的是，体育活动的调整应同自闭症儿童的运动能力和社会交往水平相当。尽管部分自闭症儿童可以通过学习很快地融入活动，但也有一些由于感知方面的缺陷，可能无法像其他学生一样掌握技术动作，享受运动乐趣。在上述情况下，教师可以使用两种方法来分析课堂需求、调整教学策略。一种是常见的自下向上、由易到难的循序渐进模式。例如，如果学生不能够通过球拍击球，可以调整到先从简单的手掌击球开始。另一种教学方法是以结果为导向的逆向目标模式。在这一教学策略里，教师的侧重点是目标的实现（例如将球投入篮中）而不是实现的过程（例如利用合理的投篮技术）。因而，学生只需要选择一种符合自己运动能力的运动方式（例如抛或扔）将球投入篮中即可。教师还可以在指导中运用社会故事和视觉辅助等策略，帮助自闭症儿童理解运动规则、掌握运动技能。

实例 1：跳绳

跳绳活动中，一些学生可能需要手把手的帮助，另外的学生则可能不需要任何辅助。根据学生的不同能力水平，可以让一部分学生进行标准的跳绳运动（绳圈以全圆轨迹循环摇动），而另外那些无法完成任务的学生则可将跳绳放在地面进行左右来回跳跃，或练习半圈摇绳跳跃。

实例 2：运用社会故事、视觉辅助策略

为了帮助自闭症儿童理解游戏规则和参与方式，一个常用的改良策略是运用社会故事和视觉辅助。在活动之前加入社会故事可以帮助自闭症儿童避免一些潜在矛盾的暴发（例如器材分享和活动顺序等问题）。视觉辅助策略则可以使他们更好地理解体育活动中的环节转换。

三、平行性体育活动

在平行性体育活动中，虽然所有学生基本上参与同一活动、完成同一任务，但学生按技能水平进行分组练习。在许多情况下，教师可以运用平行分类的方法来组织队伍将能力相似的学生分在同一组别中。同组学生共同学习运动技术、开展小组活动和组织比赛活动，从而避免因技能水平参差不齐而产生相互干扰，增加全体学生学习的有效性和成功的可能性。

实例 1：排球

学生可以选择参加各种不同形式的排球比赛，如选择传统的 6 对 6 排球比赛；或使用体积较大、重量更轻的排球来替代标准排球，在场内运用不同的发球形式；还可以选择参加坐式排球比赛等。虽然形式不同，但每组学生都能参与适合自身条件和技能水平的排球比赛。

实例 2：门球

在这个例子里，教师组织了三种门球比赛。第一组参与者不佩戴遮目镜，坐在地面的圆圈标识中用身体来阻挡带铃铛的大球；第二组参与者仍不佩戴遮目镜，但要求站立在地面的圆圈标识中，利用双腿来阻挡带铃铛的标准门球；第三组参与者采用同样的比赛形式，但需要佩戴遮目镜完成。门球比赛不仅适合在平行体育活动中开展，并且也是残运会比赛项目。

四、单独性体育活动

单独性体育活动是指专门为有特殊教育需要的儿童设计的体育活动。体育教师可以在体育课堂中有意识地针对自闭症儿童设计独立性体育活动，补偿他们的动作障碍缺陷，增加他们的运动参与度，培养终身参与体育活动的习惯。

实例 1：滑轮

低功能自闭症儿童可参加适应性滑轮活动。在这一活动中，自闭症儿童可以从坐在特殊设计的滑车中开始，教师通过推动滑车来控制速度，然后逐渐过渡到学生自主掌控的阶段。儿童可通过该活动了解滑轮项目，培养对该体育项目的爱好。

实例 2：滚球游戏

低功能自闭症儿童往往对体育馆内的噪声十分敏感，因而排斥参与体育活动。教师和家长可以根据学生的独特需求为他们设计针对感知觉统合的适应性体育活动，例如通过滚球游戏来提高他们的握力和其他操作技能。

五、逆向融合体育活动

由于残障人士体育活动的日益流行和不断增加的休闲娱乐性，专门为残障人士设计的体育活动同样可以成为主流体育项目的有益补充。一些项目，例如门球和雪橇曲棍球，是专门为视觉和肢体残障人士而设计的；而另外一些项目，例如轮椅篮球和坐式排球，同样是在此基础上根据传统球类项目规则修改而成的。通过逆向融合活动，融合普通学生参与残障人士运动项目，不仅可增加体育课程活动的多样性，还可以提高残障人士的体育活动水平、增进普通儿童对适应性体育乃至残障人士的了解和认同。

六、注意事项

在使用多元融合谱系之前，教师首先要全面考虑学生的身心发展水平和环境影响因素（如场地、器械等）。由于自闭症儿童在学习相对复杂的运动技能时往往缺乏及时反应，相较于集体体育活动，器械健身、保龄球、高尔夫、游泳和自行车等个人体育活动项目，因其重复性和参与环境相对稳定的特点，可极大程度地帮助自闭症儿童养成终身体育的习惯。对自闭症儿童在融合/独立环境下集体体育活动的指导，则需要教师对器材、场地和教学策略作出更多调整，进而达到体育教学或运动干预的目的——使自闭症儿童在增进运动能力、提升体育活动水平的同时，将所学的技能和知识延伸到校外，形成终身体育的习惯。

体育教师的教学计划还需考虑自闭症儿童的参与度和体育学习能力。尽管自闭症儿童在体育课中的学习目标与正常儿童不尽相同，但确保他们最大限度地参与是极其重要的。在体育教学中，自闭症儿童并不需要完成同普通儿童完全一致的体育活动任务，针对性的学习任务和包容性的教学策略往往会达到事半功倍的效果，帮助自闭症儿童更好地融入课堂。体育教师在充分考虑学生特点、教学班级和教学目的等因素后，即可通过多元融合谱系原则来制定教学策略。

第二节　教学中的 STEP 原则

在设计适应性体育教学计划时，全面考虑影响教学实施的相关因素是至关重要的。英国学者塞雷霍罗伊巴斯等人在 2011 年提出了教学中的 STEP 原则。STEP 原则指教师通过考量学生（students）、任务（tasks）、活动器械（equipment）、人员支持（personnel）和安全（safety）因素来制定体育教学方案的包容性和适应性理念，从而提高自闭症儿童在体育活动中的参与度和学习效率。

一、学生

了解学生的技能水平和学习能力是发展适应性体育课程的基础。个性化体育活动方案的制定需要一个完整的干预团队（应包括医生、教师和家长等关键人员）来共同完成。通过讨论和分享自闭症儿童的全方位相关信息，体育教师可全面了解学生的身心发展特点，使教学设计更具针对性。

二、任务

当教师确定课堂教学内容以后，可以根据学生技能水平和学习能力对教学任务进行调整。这些任务调整可包括学生所要完成任务的数量、程度以及每个任务的练习时间分配等。另外，学生也可根据自身情况提出一些调整要求。任务调整的最根本目的是保证学生能够成功地完成这些任务。

三、活动器械

合适的活动器械是有效教学的根本。例如为学生提供多种多样的活动器械，同时给他们选择与自身技术和能力水平相适器械的机会。在条件允许的情况下，应使课堂中的每一位学生都有适合自身情况的运动器械，从而最大限度地减少等待和课堂组织的时间。

四、人员支持

当教师进行课堂教学时，要考虑自闭症儿童面临的潜在困难和教辅人员所能提供的支持。如果自闭症儿童在活动中伴随较多的行为问题，教师可与教辅人员共同合作，通过额外辅助等方式提高自闭症儿童的体育学习效果。

五、安全

当教师制定体育教学任务时，必须对学生行为和器材使用的安全性给予充分关注。由于自闭症儿童对空间概念缺乏足够具象的认识，教师需要清晰地描述任务的活动范围和空间的大小界定，并在教学中反复提醒个人活动的安全空间。

第三节　教学指导策略

自闭症儿童在体育活动中面临的主要挑战包括社会沟通交流困难、体育活动任务转换中的刻板行为以及不平衡的身体技能发展水平等。提前预估自闭症儿童在学习中可能出现的问题并在课堂中给予针对性的教学策略是教授多元主体参与体育课堂的关键。

一、强调沟通和社交参与

（一）活动中的指导和交流

许多自闭症儿童对口语交流的理解有困难，他们通常停留在对字面的理解之上，因而他们对任务的反应和对规则的理解会比一般儿童需要更长的时间。加之自闭症儿童对他人肢体语言、表情和情感的反应迟缓，他们在那些需要与同伴配合的集体活动和需要语言交流的教学任务转换过程中也存在困难。另外，一些自闭症儿童是无语言交流的，教师需要使用清晰准确的指令来避免误解。以下建议和策略可以帮助教师提高同自闭症儿童交流的效率。

（1）增加有效交流。由于自闭症儿童的身心特点各有不同，理解每个学生的特点是增进有效交流的前提。通过图形标识的运用、视觉辅助以及科技设备（例如平板电脑）的呈现可以提高交流效率。

（2）持续强化课堂规则和期望行为。在每一堂课中通过白板、墙报或视觉辅助展示课堂规则，从而对学习内容和期望行为进行强化，以提高学生对学习任务的充分理解。

（3）给予直观示范。建立标准行为的示范可以辅助学生理解学习任务。任务卡、视频剪辑和在相关器材上标注指导图片可清楚展示教学信息，帮助学生掌握动作技术。

（4）给予简短准确的正面指示。告诉学生该做什么而不是不该做什么，例如可用“步行”而非“不要跑”这类否定性指导语。

（5）用陈述而非设问方式进行指导。如果教师没有为自闭症儿童提供选择，最好不要用设问方式来指导学习任务，例如“你准备好跑几圈了吗？”这类问题可能会增加自闭症学生对活动任务的不确定性，而“跑步时间到了，你准备跑两圈还是三圈？”则效果更佳。

（6）用低沉坚定的声音发出指示。教师不需要大声喊叫，也不要过度重复教学任务说明。运用不同形式选择活动，可视化设备或图片可激励学生参与活动，例如“我们今天学习传接球，你想使用哪个球？”

（7）注意非语言交流。口语表达或连贯说话的能力并非与认知能力直接相关，有些学生还会有其他的肢体表达方式，因而教师需要尝试理解学生的不同手势和行为代表着什么意思。例如，表达不流畅的学生可能会将教师拉到特定位置进行沟通。

（8）尽量避免体育专业术语。自闭症儿童对语言的认知更多基于字面意思，而对隐性信息缺乏逻辑推理。例如，在投掷橄榄球时，教师提示“把手指放在绳带上”，学生可能会触摸自己鞋上的绳带而不是球上的绳带；在折返跑中的“回家”指令（“home”常用于表达棒垒球等比赛中的“本垒”，在体育专业术语中可代表往回跑）可能会被学生误解为要求他们直接跑到自己的家里；如果教师在运球练习时说“注意球”，学生可能会理解为老师要求自己用眼睛去看球。

（二）社会性的理解和强化

许多自闭症儿童难以理解社会交往的规则和常识，这使得他们在结交朋友或在小组中工作时具有一定难度。难以理解社交中的适宜行为可能会导致他们与他人站得过近，或者在口头上痴迷于特定的兴趣话题，例如火车或历史人物等。一些学生容易对特定的设备或活动项目产生过度兴趣，往往同其他同学没有正常的眼神交流，也不知道如何处理社交场合中的不和谐现象。基于自闭症儿童社交技能缺陷的核心症状，体育教师在教学中需要给予他们额外的指导，也可以运用视觉辅助设备帮助这些学生正确理解运动中的规则、概念和方式。例如看似简单的追逐游戏对自闭症儿童而言也并非易事，他们需要了解相关标识、边界内外以及角色转变（从追逐者变为逃离者）等规则含义。

教师需要了解如何同自闭症儿童进行有效沟通并建立信任关系，学生对教师的信任度越高，他们就越容易回应教师的学习要求。同理，教师越了解这些学生，就越容易理解他们的行为表现。体育活动是一个为自闭症儿童提供社会环境适应的良好机会，教师可以通过教授学生运动技能从而加强其社会交往能力。教师应认真思考学生的个性化教育目标，并尝试结合体育参与和技能学习来增强其社会互动和交流的能力。

二、考量不平衡身体发育和限制性体育兴趣

许多自闭症儿童存在动作发展迟缓、个体差异性大的特点。例如，有些自闭症儿童可能很喜欢课堂热身期间的简单慢跑，但却无法完成相对复杂的拍击球动作。由于动作学习的执行能力不足，自闭症儿童可能还会表现出焦虑和烦躁现象。教师应了解这些特征，加强学生对活动任务和相应运动器械的熟悉程度，制订针对性的教学计划并设置合理的心理预期。鉴于自闭症儿童运动能力发展的复杂性，教师的教学指导需要因人而异、循序渐进，并灵活引导学生的活动参与和动作学习。例如，有平衡障碍的学生可通过健身球练习坐立平衡，以此发展弹跳和平衡技能。如果健身球足够大，可以将其用作滚动和绕行工具。在体育活动中强化和重复动作的学习可帮助自闭症儿童熟悉学习任务，从而使他们更容易专注于技能练习。

（一）个性化活动设计

由于自闭症儿童兴趣范围狭隘，他们很可能会被特定球型、颜色或质地

的物品所吸引。运动器械的一些特征，例如黑洞、球绳或旋转部件也都可能引起他们的过度关注。教师在体育课中可以利用自闭症儿童这一特点来拓宽他们的运动学习兴趣。例如，如果学生喜欢拼图，教师可以创建一个多边形拼图接力游戏来激励学生参与；同理，如果学生喜欢配色，教师可以利用五颜六色的沙包设计投掷分类游戏；如果学生喜欢排列组合，教师可以设计一个按球类尺寸、形状或颜色排列的活动项目。利用自闭症儿童兴趣特点来提高其注意力和运动参与度可以开阔学习视野，增加其运动机会。

自闭症儿童运动兴趣的培养也可以通过不同环境中多样化技能的教授来实现。自闭症儿童很难在没有特定计划的情况下，将技能从一种环境自然迁移到另一种环境，因此，教师可通过不同环境设计相应的动作学习任务来帮助学生实现技能泛化。例如学生在体育馆内学习篮球运球技术后，教师可要求他们在户外操场应用这一技术开展游戏。

（二）激发参与活动积极性

自闭症儿童通常也难以理解体育课堂中任务的开始/结束指令和任务转换指令。对此，教师可使用计时器或音乐等信号来预示即将出现的任务变化，通过平板电脑中指令性应用程序来描述任务的转换方式。此类规则性指令信号的使用可以极大程度地缓解自闭症儿童的焦虑和烦躁情绪，激发他们活动的积极性。

三、灵活运用辅助技术

辅助性技术可灵活用于师生间的任务推进和沟通交流。辅助技术既可以是通过简易制作即可获得的物品，例如经过改装的运动器械或展示特定技能的图片，也可以是有科技含量的程序和电子设备，例如用于沟通交流的通信设备和应用程序。

（一）电子设备和应用程序

平板电脑和其他电子设备具有很多展示和表达功能，便于进行书写、绘图、制作手势系统和添加图片。平板电脑上的很多教育类应用程序能帮助学生进行富有表现力的交流、情感表达和意图传达。在大多数情况下，学生通过直接点图片去了解教学内容。同样，教学借助图片、文字和动态图片的搭配，可帮助学生进一步学习运动技能。电子设备的运用有助于巩固复习技能，例如在屏幕上观看投掷技能的分解动作可帮助自闭症儿童了解如何练习该技能和应注意的动作关键点。

便携式电子设备例如平板电脑便于携带，易于融入体育教学中，通过屏幕上的模拟练习或技能展示可以有效帮助学生理解学习内容。而且，电子设备中可安装多种应用程序，运用生动直观的图形展示教学内容，能帮助学生集中注意力、提高学习兴趣。

（二）图片展示

运用图表可以清晰地呈现课程计划和教学任务，并为学生提供技能学习和活动参与的核心要点。最常见的一种图片展示类型是时间表，它可以直观呈现教学内容和顺序并帮助自闭症儿童理解活动任务间的转换。在设计图表时，应使界面尽可能简洁明了，文字应尽可能简单易懂，同时教师也可以将网络资源或教科书中的要点信息汇总至图表中辅助教学。

（三）社会故事法

社交故事法可对一些具有潜在挑战性的课堂情境进行描述并给予相对应的解决方法，集中引导学生思维。尽管这些规则对于普通学生而言无须额外学习，但自闭症儿童由于社会交往障碍等问题，难以通过其他情景学习社交技能并自然迁移到体育活动中去，其中一些自闭症儿童难以理解课堂规范，做不到教师所预期的行为。因而，通过社会故事来描述体育课堂可能发生的情况并告诉学生应该如何回应，有利于避免课堂冲突、提高管理效率。与概述技能或任务流程的图表展示不同，社交故事法可针对性地帮助自闭症儿童了解体育活动中的社会交往规则。在编写社会故事时，教师应以第一人称讲述故事。故事应该描述自闭症儿童在不同课堂情境下可能出现的问题行为，以及教师所期望的应对行为。辅助运用图片展示，可以更好地实现这一目标。

在社会故事法中，教师应该首先同学生一起阅读故事并确保学生理解故事中的信息。有时候可以请学生来大声朗读，而教师在学生朗读时应专注回答学生的提问。学生一旦掌握了教师所预期的行为规范，即可减少阅读频率。当有新的行为冲突出现时，教师需要编写新的社会故事来帮助学生应对。在体育课中，教师可以使用社交故事来解决排队、课堂规则遵守、与伙伴合作、团队合作以及选择伙伴等常见规范问题。以下例子是一个有关“热身活动”的社会故事：

> 我们上体育课的时候，王文老师通常会让我们在操场上排成一队，然后沿着操场慢跑热身。王文老师希望我们保持队形不要相互追逐。有时候，慢跑途中同学会从我身边超过，我并不喜欢这样。当我感到生气时，我需要记住王文老师的话，她会单独处理不遵守规则的同学。

四、内容预览和录像示范

内容预览的主要目标是教师向学生提前讲述社交故事或展示活动流程以减少自闭症儿童由于陌生环境而产生的焦虑和不安。教师可以在课堂开始之前让学生预览社交故事和图表信息。根据学生的需要，预览既可以在操场面向全体学生进行说明，也可以在独立空间呈现给个别有特殊需要的学生。一般情况下，体育老师可以在操场上对整个班级进行课堂目标预览，以此来帮助自闭症儿童理解课堂要求，同时增强其他同学对学习任务的熟悉程度。有规律的课堂预览可以提供多维视角的学习机会，并促使所有同学在知晓学习任务和达成教师预期方面实现同步。从长远角度来看，有计划的提前预览可以鼓励自闭症儿童独立自主地监督自己的体育活动行为。教师在教授专门技能时，可以运用图片预览技术分解动作。例如在投掷教学图片中强调异侧脚的向前移动，在接球教学图片中可以强调准备阶段的双手迎球。总体而言，自闭症儿童往往需要多途径、多角度的视觉强化来支持学习。

录像示范（即观看其他学生或教师运动技能展示的录像）可以成为帮助自闭症儿童理解复杂运动技能的有效方式，特别是在学习新技能时，此方法更为有效。研究表明，录像示范可以极大地提高自闭症儿童社交互动技能、沟通技巧和情绪感知能力。录像示范包括基本录像示范、自主录像示范、主视角录像示范和提示性录像示范。基本录像示范指学习者观看其他人的技能或行为展示。教师可以要求学生在学习新技能之前观看其他人的视频录像，并在观看视频时突出强调所要学习技能的重难点，从而提高学生对学习任务的认知。在自主录像示范中，学习者就是视频录制的对象。主视角录像示范是通过视频记录在学习者视线下，与运动环境和活动过程相关的关键因素。教师需从学生角度完整记录学习流程以及同学习环境进行互动的过程。观看视频的学生可以清晰地看到他们所要完成的任务内容以及相对应的环境变化。主视角录像示范可以增加学生对学习环境的熟悉程度，并全面了解学习过程，从而减少焦虑和不安行为。提示性录像示范是指录制目标学习技能的不同分解阶段，提示每个阶段所要注意的技术重难点。

使用录像示范对学生掌握技能关键点非常有效。开课前，学生可以在教师的带领下预览录像片段；在课堂中，教师可以使用电子设备（例如平板电脑）呈现相关技能的学习步骤。由于大部分自闭症学生的行为更容易受到视觉提示驱动，所以强化录像示范可以帮助自闭症学生集中注意力。另外，体育教师可以同其他教师建立互助团队，通过协作模式来共同完成教学目标。

五、行为强化

应用行为分析以传统的行为主义理论为基础，关注行为与环境的功能关系，并通过强化手段带来目标行为的积极变化。在体育教学中，应用行为分析主要是通过使用刺激和强化手段对目标行为产生影响。简单而言，鼓励正确积极的行为，弱化负面消极的行为，使用强化物增加或维持学生对体育活动的兴趣和注意力。

在体育教学环境中，教师可以强化学生的积极行为从而使其达到预期的课堂要求。强化物可包括初级强化物（满足生理需求的刺激）和次级强化物（表扬、分数和奖励系统）。普雷马克原理（Premack Principle）是教师执行强化过程的基本理念，是指用喜欢的行为（高频行为）作为不喜欢行为（低频行为）的强化物。例如教师可要求学生在体育课中玩滚筒活动（高频率行为）之前必须先完成运球任务（低频率行为）。如此一来学生首先会关注奖励，从而愿意去完成教师所要求的任务。普雷马克原理尤其适用于自闭症儿童的体育教学，因为他们的限制性兴趣导致他们并非出于主观意愿参与大部分学习任务。掌握和了解自闭症儿童的学习习惯和爱好是有效实施普雷马克原理的根本。

大部分自闭症儿童是视觉感知驱动的学习者，他们能够通过视觉感知快速掌握学习模式和教学常规。因而，建立由应用行为分析支持的结构化教学环境有助于学生理解学习任务并减少消极行为。鉴于自闭症儿童在视觉理解和记忆方面的优势，教师利用应用行为分析来组织结构化教学环境，能使他们更好地理解学习目的和教师要求。在体育教学中，教师可应用结构化教学让学生知道他们应该在什么场地练习、练习什么以及如何练习。直观、简洁和结构化教学策略可以为自闭症儿童创造一个积极有效的学习环境，提高学习参与度，从而达到预期效果。

六、案例分析

现在我们通过一个案例来了解教学指导策略在适应性体育教学中的应用：

小钰是一名轻度自闭症儿童，社会交往能力障碍程度较轻，有相当的词汇量和较好的语言能力，但在谈话的时候往往只是单方面表达，对某些科学知识有着执着的兴趣并热衷于向别人重复表达而不管别人是否有兴趣。在刻板行为方面，坚持相同性，不愿意改变已建立的习惯或活动模式。智力障碍程度较轻，但专注力不足。尽管从小表现出协调能力不足、动作发展障碍的特点，但通过多年来的干预和家庭努力，小钰的动作障碍问题得到了一定改善，不仅可以独立完成跳绳，还掌握了篮球和乒乓球的基础技能。现在小钰已是一所融合小学的6年级学生，每周仍坚持到康复机构进行一次运动干预，家长希望小钰能进一步提高运动技能，同时通过接触不同人群强化社会适应，以帮助他更好地参与到朋友之间的课外运动中去。那么，作为一名一线体育教师，我们该如何为小钰选择合适的体育活动呢?

结合家长希望小钰能融入小伙伴体育活动的需求，我们可以为小钰选择互动性较强的运动项目，如隔网对抗运动，网球、羽毛球、乒乓球等，或团队性运动，足球、篮球、排球等，这类项目都是小学阶段的常见体育教学内容，也是小钰感兴趣的运动，共同的运动参与是建立和维系同学友谊的最佳方式之一。考虑到学校的场地限制，最终教师为小钰挑选了乒乓球。

体育活动的方式选定后，要开始根据小钰的基本情况对教学内容和策略作出调整。通过与小钰的第一次对打发现，小钰所掌握的乒乓球基础技能能形成一定的回合数，但时间一长，小钰便开始注意力不集中，且打球过程中跑动距离不足，习惯原地击球；若进行计分比赛，赢球时兴高采烈，乐于继续，但却难以接受输球，并立刻通过情绪行为和重复无关问题以逃避输球的结局，不愿再继续参与。如果对小钰提出改进技术动作的要求，他则会一口拒绝，不愿作出任何改变。对此，我们该如何制订教学计划呢?

为了改善小钰的注意力不集中问题，我们可以在练习过程中采用计分练习制的模式，要求小钰在每次回合结束时判断得分方并报出双方的即时比分。一开始，小钰的计分偶有失误，我们采用了记分牌作为视觉提示，随着专注力的提升，撤掉视觉提示工具，在此过程中帮助他建立对运动规则的认知。为了进一步提高小钰的体育活动水平，我们可以通过多人（3～4人）绕球台接龙击球这类活动增加运动乐趣与强度。至于如何引导小钰看待竞技过程以及日常生活中的输赢，安排比赛结局或许是一个不错的方式。“输不起”可能是每个人在孩童时期都有过的经历，对于在融合教育环境中就读的小钰来说，“不想输”的情绪可能比一般儿童更为强烈，因为他能感知到自己与周围普通学生在包括学业在内很多方面有差距，因而希望通过某项长处维护自己的自尊意识。我们则可以通过主导比分走向的方式，既让他体会到互动击球的乐趣，又让他交替经历输与赢的结局，并在不同局面给予相应的引导，使其学会接受失败、享受参与过程。正如研究者 Lamb 所建议的，为自闭症儿童创造成为英雄的机会是帮助其融入多人赛事的重要因素，比如，设计其为团队进球得分或让其成为团队中的重要角色等环节，从内在帮助他们建立运动参与动机。对于如何尝试让他作出改变、缓解刻板行为，则需要一个重新积累、逐渐习惯的过程，在不断的建立与打破之间让他们学会接纳变化。

课后习题与反思

1. 什么是适应性体育中的多元融合谱系原则？这个原则如何在体育教学中得到运用？

2. 多元融合谱系可以将体育活动分为几类教学形式？每一种教学形式的主要特点是什么？

3. 什么是适应性体育教学中的 STEP 原则？

4. 自闭症儿童在体育活动中面临的主要挑战有哪些？

5. 如何在适应性体育教学中提高自闭症儿童的交流和社会参与机会？

6. 基于自闭症儿童不平衡身体发展和狭窄体育兴趣范围的特点，体育教师应如何应对？

7. 在自闭症儿童适应性体育教学中可以利用的辅助性科技主要包括哪些？

8. 如何在体育活动中对自闭症儿童的正面和负面行为进行强化？

9. 如何制订自闭症儿童个性化体育教学计划？请举例说明。

第七章　自闭症儿童个人体育活动实例

本章导读

积极的体育活动对自闭症儿童的益处已经不言而喻了。体育活动是儿童生长发育过程中与外界交流的重要途径，在适应性体育活动教学中适当地选择不同的体育形式可激发自闭症儿童的活动兴趣，从而帮助他们提高各项动作能力，缓解症状。

本章节提供了 10 例不同的个人体育活动项目，其中 4 例为身体移动类项目，3 例为物体操作类项目，还有 3 例为平衡类项目。就每个项目具体列出了活动目标和社交技能目标、适用年龄范围、器材要求、活动过程，并指出教学重点和难点，以供体育教育工作者和课外活动辅助人员参考。

<table>
<tr><td rowspan="10">第七章
自闭症儿童
个人体育活动实例</td><td rowspan="4">第一节
身体移动类
体育活动</td><td>活动一：单脚蹦蹦跳</td></tr>
<tr><td>活动二：三向折返跑（初级版）</td></tr>
<tr><td>活动三：三向折返跑（高级版）</td></tr>
<tr><td>活动四：小青蛙抓害虫（高级版）</td></tr>
<tr><td rowspan="3">第二节
物体操作类
体育活动</td><td>活动一：愤怒的小鸟（初级版）</td></tr>
<tr><td>活动二：愤怒的小鸟（高级版）</td></tr>
<tr><td>活动三：乒乓大拯救</td></tr>
<tr><td rowspan="3">第三节
平衡类
体育活动</td><td>活动一：一路向前冲冲冲（初级版）</td></tr>
<tr><td>活动二：一路向前冲冲冲（高级版）</td></tr>
<tr><td>活动三：单脚平衡寻宝</td></tr>
</table>

第一节　身体移动类体育活动

活动一：单脚蹦蹦跳

指定一片区间，让儿童在此区间内单脚跳，从起点一直单脚跳到终点，在此过程中，运送指定物品到相应地点。难度系数☆☆☆。

• 年龄范围：

本课程内容适合 3～10 岁的自闭症儿童，参与游戏儿童身体健康状况良好，没有影响参与游戏活动的身体障碍，并能够参加运动技能评估。

• 器材要求：

体育器材：彩色网球（作为被运送的物品，可根据参与者喜好更改）、标志桶，地标线，物品放置筐；

音乐器材：音响、手摇铃、手摇鼓；

其他器材：小板凳等。

• 体育活动目标：

技能：能够个人沿着既定区间完成单脚跳，充分锻炼身体感觉，同时在运动知觉方面能够有所提升。能够提高肢体准确判断力，能够掌握如何做单脚跳动作，同时，能够在完成动作的基础上，完成额外的物品运送要求。提升动作连贯化与习惯化，在每次更换方向和动作改变中，提升动作连续性，形成惯性。

体适能：锻炼全身协调能力，重点提升腿部肌肉力量。

• 社会技能目标：

参与者可以积极参与游戏，并听从引导者的指令完成相应的任务。参与者在游戏过程中能够与引导者互动，提升理解隐形含义动作能力，在游戏中产生个人成就感，提升自信心。

• 方法过程：

1. 前景导入阶段（5 分钟）

播放单脚跳的相关视频。

2. 集合热身阶段（10 分钟）

带领参与者到提前布置好的运动场地，开始热身小跑，并带领做韵律操。

3. 正式开始阶段（15 分钟）

开始讲述如何进行单脚跳活动，多次重复练习，其间注意主动和参与者互动，直到参与者能够自己做出相应的判断。同时，放置相应的物品筐，要求参与者通过单脚跳的方式运送相应物品。

4. 临近结束阶段（5 分钟）

在没有老师的带领下，发出单脚跳的口令，观察参与者是否可以自己完成相应的动作判断。

5. 结束放松阶段（5 分钟）

播放音乐，带领参与者做下拉伸动作，同时询问单脚跳游戏的相关问题，以正向鼓励和安抚为主。

• 教学点和调整：

1. 教授参与者单脚跳的过程中，应注重规则意识的建立和培养。

2. 在游戏过程中，可告诉参与者单脚跳的姿势非常重要。

3. 教学重点：引导参与者自己能够独自沿着既定区域完成单脚跳动作。

4. 教学难点：让参与者自主意识到单脚跳指令的含义。

活动二：三向折返跑（初级版）

参与游戏者以指定的原点为关键点，同时向三个方向的画定路线进行折返跑，要求迅速地沿着画定的彩色地标线有规律地跑动，从起点一直跑到终点。难度系数☆。

• 年龄范围：

本课程内容适合 3～6 岁的自闭症儿童，参与游戏的儿童身体健康状况良好，没有影响参与游戏活动的身体障碍，并能够参加运动技能评估。

• 器材要求：

体育器材：三向跑标志杆、标志桶，地标线；

音乐器材：音响、手摇铃、手摇鼓；

其他器材：小板凳等。

• 体育活动目标：

技能：能够个人完成线路跑步，保证落脚在线上的基础上发展基本身体控制运动能力，提升肢体协调性。能够个人沿着既定路线跑动完整，充分锻炼身体，同时在运动知觉方面能够有所提升。能够提高肢体准确判断力，能够跟随既定线路完成完整跑步动作。在每次更换方向和动作改变中，提升动作连续性，形成惯性。

体适能：可以分组完成相应的有氧运动量，锻炼心肺功能，提升腿部肌肉力量，提高移动过程中的身体灵活性。

• 社会技能目标：

参与者可以积极参与游戏，并听从引导者的指令完成相应的任务。在游戏过程中能够与引导者互动，提升理解隐形含义动作的能力。在游戏中产生个人成就感，提升自信心。

• 方法过程：

1. 前景导入阶段（5 分钟）

播放跑步的相关视频，然后讲述《龟兔赛跑》的故事。

2. 集合热身阶段（10 分钟）

带领参与者到提前布置好的运动场地，开始热身小跑，并带领做韵律操。

3. 正式开始阶段（15 分钟）

开始讲述如何进行“三向跑步”活动，多次重复练习，其间注意主动和参与者互动，直到参与者能够自己做出相应的判断。

4. 临近结束阶段（5 分钟）

在没有老师的带领下，发出跑步的口令，观察参与者是否可以自己完成相应的动作判断，最后完整跑完整个既定线路。

5. 结束放松阶段（5 分钟）

播放音乐，带领参与者做下拉伸动作，同时询问三向跑步游戏的相关问题，以正向鼓励和安抚为主。

• 教学点和调整：

1. 引导参与者沿线步行的过程中，应注重提高规则意识的建立和培养，如：每一步尽量按照既定路线跑步，不随心所欲。

2. 在游戏过程中，可告诉参与者跑步的姿势非常重要，同时在此基础上增加难度，例如：将仅需沿着既定路线跑步，提升为在沿着既定路线跑步的过程中，需要有完整的正确跑步动作的难度。

3. 教学重点：引导参与者自己能够独自沿着既定线路向正确的方向跑步，且跑步动作标准。

4. 教学难点：让参与者自主意识到三向跑按照规则步行的过程。

活动三：三向折返跑（高级版）

参与游戏者三个方向的画定路线，迅速地沿着画定的彩色地标线有规律地跑动，从三向起点跑步运送物品，分别运送到指定的物品放置处。难度系数☆☆☆。

• 年龄范围：

本课程内容适合 6～10 岁的自闭症儿童，参与游戏儿童身体健康状况良好，没有影响参与游戏活动的身体障碍，并能够参加运动技能评估。

• 器材要求：

体育器材：三向标志杆、彩色网球（作为运送物品，可根据参与者喜好更改）、标志桶、地标线、物品放置筐；

音乐器材：音响、手摇铃、手摇鼓；

其他器材：小板凳等。

• 体育活动目标：

技能：能够个人完成线路跑步，在保证落脚在线上的基础上发展基本控制身体运动的能力，提升肢体协调性。个人能够完整地沿着既定路线跑动，充分锻炼身体感觉，同时在运动知觉方面能够有所提升。能够提高肢体准确判断力，能够跟随既定线路完成完整跑步动作。提升跑步动作的连贯化与习惯化，在每次更换方向和动作改变中，提升动作连续性，形成惯性。

体适能：可以分组完成相应的有氧运动量，锻炼心肺功能，提升腿部肌肉力量，提升移动过程中的身体灵活性。

• 社会技能目标：

参与者可以积极参与游戏，并听从引导者的指令完成相应的任务。在游戏过程中能够与引导者互动，提升理解隐形含义动作的能力。在游戏中产生个人成就感，提升自信心。

• 方法过程：

1. 前景导入阶段（5 分钟）

播放跑步的相关视频，然后讲述《龟兔赛跑》的故事。

2. 集合热身阶段（10 分钟）

带领参与者到提前布置好的运动场地，开始热身小跑，并带领做韵律操。

3. 正式开始阶段（15 分钟）

开始讲述如何进行三向跑步活动，多次重复练习，其间注意主动和参与者互动，直到参与者能够自己做出相应的判断。之后，发出运送相应颜色网球的指令，由参与者将指定颜色网球依次运送至指定物品筐中。

4. 临近结束阶段（5 分钟）

在没有老师的带领下，发出跑步的指令，观察参与者是否可以自己完成相应的动作判断，最后完整跑完整个既定线路。

5. 结束放松阶段（5 分钟）

播放音乐，带领参与者做下拉伸瑜伽动作，同时询问三向跑步游戏的相关问题，以正向鼓励和安抚为主。

• 教学点和调整：

1. 引导参与者沿线步行的过程中，应注重提高规则意识的建立和培养，如：每一步尽量按照既定路线跑步，不随心所欲。

2. 在游戏过程中，可告诉参与者跑步的姿势非常重要，在此基础上提升难度，例如：将仅需沿着既定路线跑步，提升难度为在沿着既定路线跑步的过程中，需要有完整正确的跑步动作。

3. 教学重点：引导参与者自己能够独自沿着既定线路向正确的方向跑步，且跑步动作标准。

4. 教学难点：让参与者自主意识到三向跑按照规则跑步的过程。

活动四：双脚立定跳远（高级版）

让参与者模拟成青蛙，在稻田里面蹦蹦跳跳抓害虫。参与者按照指令，完成双脚同时起跳的动作：立定跳远，同时，能够准确快速地抓住害虫（设定移动目标物）。难度系数☆。

• 年龄范围：

本课程内容适合 6～10 岁的自闭症儿童，参与游戏儿童身体健康状况良好，没有影响参与游戏活动的身体障碍，并能够参加运动技能评估。

• 器材要求：

体育器材：彩色网球（作为害虫，可根据参与者喜好更改）、标志桶、地标线、可移动目标筐；

音乐器材：音响、手摇铃、手摇鼓；

其他器材：小板凳等。

• 体育活动目标：

技能：能够独自完成立定跳远动作，发展基本身体控制运动能力，提升肢体协调性，充分锻炼身体感觉，同时在运动知觉方面能够有所提升。提高肢体准确判断力，提升动作连贯化与习惯化，在每次更换方向和动作改变中，提升动作连续性，形成惯性。

体适能：提高腿部、腰腹肌肉力量，提升身体灵活性。

• 社会技能目标：

参与者可以积极参与游戏，并听从引导者的指令完成相应的任务。在游戏过程中能够与引导者互动，提升理解隐形含义动作。在游戏中产生个人成就感，提升自信心。

• 方法过程：

1. 前景导入阶段（5 分钟）

播放双脚立定跳远的相关视频，讲述《小青蛙抓害虫》的故事。

2. 集合热身阶段（10 分钟）

带领参与者到提前布置好的运动场地，开始热身小跑，并带领做韵律操。

3. 正式开始阶段（15 分钟）

开始讲述如何进行双脚立定跳远活动，多次重复练习，其间注意主动和参与者互动，直到参与者能够自己做出相应的判断，让参与者双脚跳模拟小青蛙抓害虫的过程。接着，由引导老师移动目标筐，要求参与者将害虫（网球）抓住后放置在移动筐中。

4. 临近结束阶段（5 分钟）

在没有老师的带领下，发出双脚立定跳远“跳”的口令，观察参与者是否可以自己完成相应的动作判断。

5. 结束放松阶段（5 分钟）

播放音乐，带领参与者做下拉伸动作，同时询问双脚立定跳远游戏的相关问题，以正向鼓励和安抚为主。

• 教学点和调整：

1. 引导参与者立定跳远的过程中，应注重规则意识的建立和培养。

2. 在游戏过程中，可告诉双脚立定跳远的姿势要求。

3. 教学重点：引导参与者自己独自完成双脚立定跳远动作。

4. 教学难点：让参与者自主意识到“双脚立定跳”指令的含义。

第二节　物体操作类体育活动

活动一：愤怒的小鸟（初级版）

将网球模拟为愤怒的小鸟，在墙壁上画上相应的被砸的目标点，例如偷吃鸟蛋的怪怪猪头。与游戏者按照指令，拿网球单手掷向指定目标。难度系数☆。

• 年龄范围：

本课程内容适合 3～6 岁的自闭症儿童，参与游戏儿童身体健康状况良好，没有影响参与游戏活动的身体障碍，并能够参加运动技能评估。

• 器材要求：

体育器材：彩色网球（作为愤怒的小鸟，可根据参与者喜好更改）、标志桶、地标线；

音乐器材：音响、手摇铃、手摇鼓；

其他器材：小板凳、一面目标墙等。

• 体育活动目标：

技能：能够独自完成单手掷球动作，发展基本身体控制运动能力，提升肢体协调性。能够准确砸向目标点，充分锻炼身体感觉，同时在运动知觉方面能够有所提升。能够提高肢体准确判断力，能够掌握如何做单手投掷动作。提升连贯化与习惯化，在每次更换方向和动作改变中，提升参与者的动作连续性，形成惯性。

体适能：锻炼双臂和肩部肌肉爆发力，促进手眼协调能力提升。

• 社会技能目标：

参与者可以积极参与游戏，并听从引导者的指令完成相应的任务。在游戏过程中能够与引导者互动，提升理解隐形含义动作。参与者在游戏中产生个人成就感，提升自信心。

• 方法过程：

1. 前景导入阶段（5 分钟）

播放单手投掷物品的相关视频，讲述《愤怒的小鸟》的故事。

2. 集合热身阶段（10 分钟）

带领参与者到提前布置好的运动场地，开始热身小跑，并带领做韵律操。

3. 正式开始阶段（15 分钟）

开始讲述如何进行单手投掷活动，多次重复练习，其间注意主动和参与者互动，直到参与者能够自己做出相应的判断。

4. 临近结束阶段（5 分钟）

在没有老师的带领下，发出单手投掷的口令，观察参与者是否可以自己完成相应的动作判断。

5. 结束放松阶段（5 分钟）

播放音乐，带领参与者做下拉伸动作，同时询问单手投掷游戏的相关问题，以正向鼓励和安抚为主。

• 教学点和调整：

1. 教授参与者单手投掷的过程中，应注重规则意识的建立和培养。

2. 在游戏过程中，可告诉参与者单手的姿势非常重要。

3. 教学重点：引导参与者独自完成投掷动作。

4. 教学难点：让参与者自主意识到投掷指令的含义。

活动二：愤怒的小鸟（高级版）

将网球模拟为愤怒的小鸟，纸箱框模拟为吃掉鸟蛋的怪怪猪的巢穴，将愤怒的小鸟投掷进入怪怪猪的巢穴，消灭怪怪猪。游戏者按照指令，将网球单手掷向指定目标筐内。难度系数☆☆☆。

• 年龄范围：

本课程内容适合 6～10 岁的自闭症儿童，参与游戏儿童身体健康状况良好，没有影响参与游戏活动的身体障碍，并能够参加运动技能评估。

• 器材要求：

体育器材：彩色网球（作为愤怒的小鸟，可根据参与者喜好更改）、标志桶、地标线、目标筐；

音乐器材：音响、手摇铃、手摇鼓；

其他器材：小板凳等。

• 体育活动目标：

技能：参与者能够独自完成单手丢球动作，发展基本身体控制运动能力，提升肢体协调性。能够准确将球丢进目标筐，充分锻炼身体感觉，同时在运动知觉方面能够有所提升。能够提高肢体准确判断力，能够掌握如何做单手丢球动作。提升单手投掷动作连贯化与习惯化，在每次更换方向和动作改变中，提升动作连续性，形成惯性。

体适能：锻炼双臂和肩部肌肉爆发力，促进手眼协调能力提升。

• 社会技能目标：

参与者可以积极参与游戏，并听从引导者的指令完成相应的任务。在游戏过程中能够与引导者互动，提升理解隐形含义动作。在游戏中产生个人成就感，提升自信心。

• 方法过程：

1. 前景导入阶段（5 分钟）

播放单手丢球的相关视频，讲述《愤怒的小鸟》的故事。

2. 集合热身阶段（10 分钟）

带领参与者到提前布置好的运动场地，开始热身小跑，并带领做韵律操。

3. 正式开始阶段（15 分钟）

开始讲述如何进行单手丢球活动，多次重复练习，其间注意主动和参与者互动，直到参与者能够自己做出相应的判断。

4. 临近结束阶段（5 分钟）

在没有老师的带领下，发出单手丢球的口令，观察参与者是否可以自己完成相应的动作判断。

5. 结束放松阶段（5 分钟）

播放音乐，带领参与者做下拉伸动作，同时询问单手丢球游戏的相关问题，以正向鼓励和安抚为主。

• 教学点和调整：

1. 教授参与者单手丢球的过程中，应注重规则意识的建立和培养。
2. 在游戏过程中，可告诉参与者单手丢球的姿势非常重要。
3. 教学重点：引导参与者独自完成丢球动作。
4. 教学难点：让参与者自主意识到丢球指令的含义。

活动三：乒乓大拯救

放出一个或者几个乒乓球（根据参与者兴趣选定数量），让参与者用球拍（可以选择个人喜爱的类型，如乒乓球拍，羽毛球拍）去追击散落的乒乓球，设定积分奖励制，击打到一次积一分，击打总分达 5 分可奖励。

• 年龄范围：

本课程内容适合 3～10 岁的自闭症儿童，参与游戏儿童身体健康状况良好，没有影响参与游戏活动的身体障碍，并能够参加运动技能评估。

• 器材要求：

体育器材：乒乓球（作为被击打目标，可根据参与者喜好更改）、标志桶、地标线、球拍（适合参与者大小、喜爱的球拍，如苍蝇拍、网球拍、羽毛球拍皆可）；

音乐器材：音响、手摇铃、手摇鼓；

其他器材：小板凳等。

• 体育活动目标：

技能：参与者能够独自完成单手击球动作，发展基本身体控制运动能力，提升肢体协调性。能够准确击打目标球，充分锻炼身体感觉，同时在运动知觉方面能够有所提升。能够提高肢体准确判断力，能够掌握如何做单手击球动作。提升动作连贯化与习惯化，在每次更换方向和动作改变中，提升动作连续性，形成惯性。

体适能：锻炼核心力量，提升力量、速度、灵敏性身体素质，促进手眼协调能力提升。促进颈、肩、脊柱、胯、踝等部位协调运动。

• 社会技能目标：

参与者可以积极参与游戏，并听从引导者的指令完成相应的任务。在游戏过程中能够与引导者互动，提升理解隐形含义动作。在游戏中产生个人成就感，提升自信心。

• 方法过程：

1. 前景导入阶段（5 分钟）

播放单手击球的相关视频，讲述有关乒乓球的故事（重点激起参与者愿意用球拍击打的欲望）。

2. 集合热身阶段（10 分钟）

带领参与者到提前布置好的运动场地，开始热身小跑，并带领做韵律操。

3. 正式开始阶段（15 分钟）

开始讲述如何进行单手击球活动，多次重复练习，其间注意主动和参与者互动，直到参与者能够自己做出相应的判断。

4. 临近结束阶段（5 分钟）

在没有老师的带领下，发出击打的口令，观察参与者是否可以自己完成相应的动作判断。

5. 结束放松阶段（5 分钟）

播放音乐，带领参与者做下拉伸动作，同时询问单手击球游戏的相关问题，以正向鼓励和安抚为主。

• 教学点和调整：

1. 引导参与者单手击球的过程中，应注重规则意识的建立和培养。

2. 在游戏过程中，可告诉参与者单手击球的打中目标物非常重要。

3. 教学重点：引导参与者独自完成击打球动作。

4. 教学难点：让参与者自主意识到击打指令的含义。

第三节　平衡类体育活动

活动一：一路向前冲冲冲（初级版）

儿童踩着设定好的路线，双脚需依次落于画定的彩色地标线上，从起点一直走到终点。难度系数☆。

• 年龄范围：

本课程内容适合 3～6 岁的自闭症儿童，参与游戏儿童身体健康状况良好，没有影响参与游戏活动的身体障碍，并能够参加运动技能评估。

• 器材要求：

体育器材：标志桶、地标线；

音乐器材：音响、手摇铃、手摇鼓；

其他器材：小板凳等。

• 体育活动目标：

技能：能够个人完成线路行走，落脚在线上，同时注意身体控制运动能力，提升肢体协调性。能够个人沿着既定路线行走完整，充分锻炼身体感觉，同时在运动知觉方面能够有所提升。能够提高肢体准确判断力，能够跟随既定线路完成走步动作。提升平衡动作的连贯化与习惯化，在每次更换方向和动作改变中，提升动作连续性，形成惯性。

体适能：最简单的有氧运动（可根据实际情况运动 30 分钟以上），提升协调能力。

• 社会技能目标：

参与者可以积极参与游戏，并听从引导者的指令完成相应的任务，在游戏过程中能够与引导者互动，提升理解隐形含义动作。参与者在游戏中产生个人成就感，提升自信心。

• 方法过程：

1. 前景导入阶段（5 分钟）

播放走路、步行的相关视频，然后讲述《一路向前冲冲冲》的故事。

2. 集合热身阶段（10 分钟）

带领参与者到提前布置好的运动场地，开始热身小跑，并带领做韵律操。

3. 正式开始阶段（15 分钟）

开始讲述如何进行走线路活动，多次重复练习，其间注意主动和参与者互动，直到参与者能够自己做出相应的判断。

4. 临近结束阶段（5 分钟）

在没有老师的带领下，发出沿线步行的口令，观察参与者是否可以自己完成相应的动作判断，最后完整走完既定线路。

5. 结束放松阶段（5 分钟）

播放音乐，带领参与者做下拉伸动作，同时询问沿线步行游戏的相关问题，以正向鼓励和安抚为主。

• 教学点和调整：

1. 教授参与者沿线步行的过程中，应注重规则意识的建立和培养，如：每一步尽量按照既定路线走，不随心所欲。

2. 在游戏过程中，可告诉参与者步行的规则可以改变，例如：将仅需沿着既定路线走，提升难度为在沿着既定路线走的过程中，双脚必须脚跟抵着脚尖走路。

3. 教学重点：引导参与者独自沿着既定线路向正确的方向移动。

4. 教学难点：让参与者自主意识到按照规则步行的过程。

活动二：一路向前冲冲冲（高级版）

儿童踩着设定好的路线，双脚需依次落于画定的彩色地标线上，从起点运送指定物品走到终点。难度系数☆☆。

• 年龄范围：

本课程内容适合 6～10 岁的自闭症儿童，参与游戏儿童身体健康状况良好，没有影响参与游戏活动的身体障碍，并能够参加运动技能评估。

• 器材要求：

体育器材：彩色网球（作为运送物品，可根据参与者喜好更改），标志桶，地标线，物品放置筐；

音乐器材：音响、手摇铃、手摇鼓；

其他器材：小板凳等。

• 体育活动目标：

技能：个人能够完成线路行走，落脚在线上，在步行的同时，可以把相应的物品运送到指定地点。增强基本身体控制运动能力，提升肢体协调性。个人能够沿着既定路线行走完整，配合脑力思考，同时在运动知觉方面能够有所提升。能够提高肢体准确判断力，能够跟随既定线路完成走步动作。提升连贯化与习惯化，在每次更换方向和动作改变中，提升个人的动作连续性，形成惯性。

体适能：最简单的有氧运动（可根据实际情况运动 30 分钟以上），提升协调能力。

• 社会技能目标：

参与者可以积极参与游戏，并听从引导者的指令完成相应的任务。在游戏过程中能够与引导者互动，提升理解隐形含义动作的能力。在游戏中产生个人成就感，增强自信心。

• 方法过程：

1. 前景导入阶段（5 分钟）

播放步行运送物品的相关视频，然后讲述《一路向前冲冲冲》的故事。

2. 集合热身阶段（10 分钟）

带领参与者到提前布置好的运动场地，开始热身小跑，并带领做韵律操。

3. 正式开始阶段（15 分钟）

开始讲述如何进行“走线路”的活动，多次重复练习，其间注意主动和参与者互动，直到参与者能够自己做出相应的判断。接着，在完成沿线步行的基础上进行物品运送的游戏。需要将指定颜色网球自起点运送到终点。

4. 临近结束阶段（5 分钟）

在没有老师的带领下，发出沿线步行运送指定物品的口令，观察参与者是否可以自己完成相应的动作判断，最后完整走完既定线路。

5. 结束放松阶段（5 分钟）

播放音乐，带领参与者做下拉伸瑜伽动作，同时询问沿线步行运送物品游戏的相关问题，以正向鼓励和安抚为主。

• 教学点和调整：

1. 教授参与者沿线步行的过程中，应注重规则意识的建立和培养，如：每一步尽量按照既定路线走路及运送指定物品，不可随心所欲。

2. 在游戏过程中，可告诉参与者步行的规则可以改变，在此基础上增加难度，例如将仅需沿着既定路线走，提升难度为在沿着既定路线走的过程中，双脚必须脚跟抵着脚尖走路。

3. 教学重点：引导参与者自己能够独自沿着既定线路向正确的方向移动。

4. 教学难点：让参与者自主意识到按照规则步行的过程。

活动三：单脚平衡寻宝

在单脚平衡的情况下，拿起地面上的物体，并摆放在指定的聚宝盆中。

• 年龄范围：

本课程内容适合 3～10 岁的自闭症儿童，参与游戏的儿童身体健康状况良好，没有影响参与游戏活动的身体障碍，并能够参加运动技能评估。

• 器材要求：

体育器材：宝物（参与者愿意捡起的物品，根据参与者喜好、习惯和能力选择）、标志桶、地标线、聚宝盆（参与者喜爱的装物品的器具，纸箱、口袋等皆可）；

音乐器材：音响、手摇铃、手摇鼓；

其他器材：小板凳等。

• 体育活动目标：

技能：参与者能够独自完成单脚平衡状态下取到地上物品的动作，发展身体的运动能力，提升肢体协调性。参与者能够掌握单脚站立时下蹲和起立的动作。在每次捡起物品位置的改变中，提升动作连续性，形成惯性。

体适能：锻炼大腿根部以及臀部的肌肉力量，同时提升平衡能力、手眼协调能力。

• 社会技能目标：

参与者可以积极参与游戏，并听从引导者的指令完成相应的任务。在游戏过程中能够与引导者互动，提升理解隐形含义动作的能力。在游戏中产生个人成就感，增强自信心。

• 方法过程：

1. 前景导入阶段（5 分钟）

播放单脚跳、单脚站立的相关视频，然后讲述《单脚平衡寻宝》的故事。

2. 集合热身阶段（10 分钟）

带领参与者到提前布置好的运动场地，热身小跑，并带领做韵律操。

3. 正式开始阶段（15 分钟）

开始讲述如何进行“寻宝物”活动，多次重复练习，其间注意主动和参与者互动，直到参与者能够自己做出相应的判断。接着，在完成单脚站立的基础上进行物品捡取的游戏。需要将指定宝物放置到指定位置。

4. 临近结束阶段（5 分钟）

在没有老师的带领下，发出单脚寻宝放置指定位置的口令，观察参与者是否可以自己完成相应的动作判断，最后完成寻宝、放宝的动作。

5. 结束放松阶段（5 分钟）

播放音乐，带领参与者做下拉伸瑜伽动作，同时询问单脚寻宝游戏的相关问题，以正向鼓励和安抚为主。

• 教学点和调整：

1. 在引导参与者单脚寻宝的过程中，应注重规则意识的建立和培养。

2. 教学重点：引导参与者独自完成单脚寻宝动作。

3. 教学难点：让参与者能够按照规则完成捡放物品的过程。

第八章　自闭症儿童集体体育活动实例

本章导读

本章着重强调自闭症儿童集体体育活动，不仅能提高儿童体质，还能发展儿童社会交往技能，减缓其核心障碍，逐步提升儿童的生活质量。

本章设计了10例活动，供各位读者参考，分身体移动类、物体操作类和平衡类三大类别阐述自闭症儿童集体体育活动的开展，注重培养儿童的集体主义精神，同时让儿童感受集体的作用，如与同伴的合作与互动、呐喊助威加油、相互鼓励等积极性行为，营造良好的社交氛围，从而发展其社交技能，减缓其核心症状，体验成功与快乐。

第八章 自闭症儿童 集体体育活动实例	第一节 身体移动类 体育活动	活动一：小鸭子学本领
		活动二：障碍接力跑
		活动三：小青蛙拍害虫
	第二节 物体操作类 体育活动	活动一：物品大运送
		活动二：小小投篮王
		活动三：障碍运球
		活动四：多样垫球
	第三节 平衡类 体育活动	活动一：小小搬运工
		活动二：牵手搭桥过河
		活动三：众人拾柴

第一节　身体移动类体育活动

活动一：小鸭子学本领

本课程的学习内容是模仿小鸭子进行蹲走，通过蹲走，增强儿童腿部肌肉力量和耐力，锻炼身体动作协调能力，同时注重寓游戏于教学，调动儿童的学习兴趣，感受体育的快乐。因此，本课程设计了小鸭子学本领活动。

• 年龄范围：

本课程内容适合 3～10 岁的自闭症儿童，参与课程的儿童身体健康状况良好，没有会影响参与体育活动的身体障碍，并能够参加运动技能评估。

• 器材要求：

沙包、收纳袋和标志桶各 4 个。

• 体育活动目标：

技能：能够遵守规则独立完成蹲走，学会低蹲和行走的衔接，动作连贯。

体适能：能够锻炼膝关节，增强儿童腿部肌肉力量和耐力，发展儿童身体动作协调能力，提高身体控制能力。

• 社会技能目标：

儿童能积极参与游戏，并听从教师的指令完成相应的任务。在参与游戏的过程中，儿童能够和同伴鼓励击掌、合作完成游戏。儿童在游戏过程中能感受到快乐，体验成功。

• 方法过程：

1. 前景导入阶段（5 分钟）

引入与唐老鸭有关的动画，激发儿童的兴趣，引起其注意力。

2. 集合热身阶段（10 分钟）

带领儿童到运动场地，开始热身小跑，并带领其做韵律操。

3. 正式开始阶段（15 分钟）

安排儿童扮演小鸭子角色，小鸭子从起点开始蹲走到终点拿取沙包，然后蹲走返回起点，传递沙包给同伴并和同伴击掌，直至最后一名同伴完成任务。

4. 临近结束阶段（5 分钟）

在没有老师的带领下，发出蹲走的指令，观察儿童是否可以自己完成相应的动作。

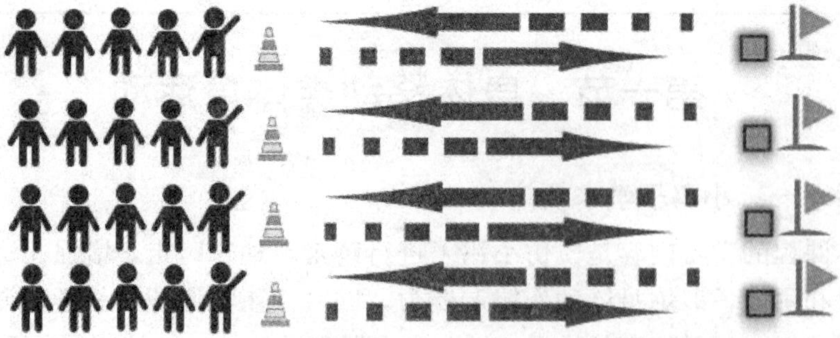

5. 结束放松阶段（5 分钟）

播放音乐，带领儿童做拉伸瑜伽动作，同时询问小鸭子学本领游戏的相关问题，以正向鼓励和安抚为主。

• 教学点和调整：

1. 在教学过程中，可以适当播放轻松明快的音乐，营造愉悦的课堂氛围。

2. 在执行时，可以适当降低或提高难度，如缩短或延长蹲走的距离，在终点放置多样的物品，通过蹲走运送物品等。

活动二：障碍接力跑

本课程的学习内容是障碍接力跑，通过障碍接力跑发展儿童快速移动的能力，锻炼儿童腿部肌肉力量和提高肢体协调能力，培养合作精神，调动儿童的学习兴趣，感受体育的快乐。因此，本课程设计了障碍接力跑游戏。

• 年龄范围：

本课程内容适合 3～10 岁的自闭症儿童，参与课程的儿童身体健康状况良好，没有会影响参与体育活动的身体障碍，并能够参加运动技能评估。

• 器材要求：

颜色多样的标志桶若干个。

• 体育活动目标：

技能：能够独立地完成跑步，跑步动作正确，肘关节弯曲于体侧，并能进行前后摆动，双脚有短暂的腾空离地，动作协调和连贯，同时能越过障碍。

体适能：能够发展儿童快速移动的能力，锻炼儿童腿部肌肉力量和提高肢体协调能力，发展儿童身体核心区域的稳定性，锻炼心肺功能。

• 社会技能目标：

儿童能积极参与游戏，并听从教师的指令完成相应的任务。在参与游戏的过程中，儿童能主动和同伴鼓励击掌、合作完成游戏。儿童在游戏过程中能感受到快乐，体验成功。

• 方法过程：

1. 前景导入阶段（5 分钟）

播放跑步的视频，引入《熊大熊二跑步》的故事，激发儿童的兴趣。

2. 集合热身阶段（10 分钟）

带领儿童到运动场地，开始热身小跑，并带领其做韵律操。

3. 正式开始阶段（15 分钟）

当听到“开始”的指令时，儿童从起点出发，跑步绕过障碍物（标志桶）到达终点，并原路返回到起点和同伴击掌。

4. 临近结束阶段（5 分钟）

在没有老师的带领下，发出跑步的指令，观察儿童是否可以自己完成相应的动作。

5. 结束放松阶段（5 分钟）

播放音乐，带领儿童做拉伸瑜伽动作，同时询问障碍接力跑游戏的相关问题，以正向鼓励和安抚为主。

• 教学点和调整：

1. 在教学过程中，可以适当播放轻松明快的音乐，营造愉悦的课堂氛围。

2. 在执行活动时，可以适当降低或提高难度，如调整标志桶的距离，把标志桶替换为标志盘，规定在跑的过程中不能触碰障碍物等。

活动三：小青蛙拍害虫

本课程的学习内容是模仿小青蛙进行深蹲跳和纵跳，通过拍害虫游戏，培养儿童视觉追踪能力和积极的目标行为，发展儿童腿部肌肉力量和耐力，提高身体协调性。

• 年龄范围：

本课程内容适合 3～10 岁的自闭症儿童，参与课程的儿童身体健康状况良好，没有会影响参与体育活动的身体障碍，并能够参加运动技能评估。

• 器材要求：

小栏架 12 个、小害虫支架 4 个。

• 体育活动目标：

技能：能够独立完成深蹲跳和纵跳，上肢和下肢连贯、协调，动作舒展有力。

体适能：能够发展下肢力量，增强儿童腿部肌肉力量和耐力，发展儿童身体动作协调能力，提高身体控制能力。

• 社会技能目标：

在参与游戏的过程中，儿童能主动和同伴击掌、拥抱、合作完成游戏，并听从指令。儿童在游戏过程中能感受到快乐，体验成功。

• 方法过程：

1. 前景导入阶段（5 分钟）

导入与小青蛙拍害虫有关的动画情景，激发儿童的兴趣，引起其注意。

2. 集合热身阶段（10 分钟）

带领儿童到运动场地，开始热身小跑，并带领其做韵律操。

3. 正式开始阶段（15 分钟）

安排儿童扮演小青蛙角色，小青蛙从起点深蹲跳并越过小栏架，然后向上纵跳拍害虫，最后跑回起点和同伴击掌。

4. 临近结束阶段（5 分钟）

在没有老师的带领下，发出开始的指令，观察儿童是否可以自己完成相应的动作。

5. 结束放松阶段（5 分钟）

播放音乐，带领儿童做拉伸瑜伽动作，同时询问小青蛙拍害虫游戏的相关问题，以正向鼓励和安抚为主。

• 教学点和调整：

1. 在教学过程中，可以适当播放轻松明快的音乐，营造愉悦的课堂氛围。

2. 在执行活动时，可以适当降低或提高游戏的难度，如降低或提高小栏架的高度，减少或增加小栏架的数量，适当调整向上纵跳的高度等。

3. 丰富小害虫的形状和颜色，提高儿童的学习兴趣。

第二节　物体操作类体育活动

活动一：物品大运送

本课程的学习内容是原地单手拍球，拍球是篮球基本技术之一，也是一项简单易学的体育项目。在教学过程中，教授拍球技术和培养团结协作的集体主义精神，同时注重寓游戏于教学，调动儿童的学习兴趣，感受体育的快乐。因此，本课程设计了物品大运送活动。

• 年龄范围：

本课程内容适合 3～10 岁的自闭症儿童，参与课程的儿童身体健康状况良好，没有会影响参与体育活动的身体障碍，并能够参加运动技能评估。

• 器材要求：

5 号篮球和沙包若干个，呼啦圈、标志桶和收纳袋各 4 个。

• 体育活动目标：

技能：能够掌握原地单手拍球动作中的站立、拍球（屈腕与手指控球）动作，并能进行连续性地拍球。

体适能：能够增强儿童手指控球的能力，发展儿童手部力量，提高手部灵活性和儿童的运动知觉。

• 社会技能目标：

在参与游戏的过程中，儿童有积极参与、尝试完成等积极性行为，能够和同伴互动，如击掌、合作、拥抱等，同时能感受到快乐。

• 方法过程：

1. 前景导入阶段（5 分钟）

创设拍球情景，引入《灌篮高手》的漫画，激发儿童的兴趣，引起其注意。

2. 集合热身阶段（10 分钟）

带领儿童到运动场地，开始热身小跑，并带领其做韵律操。

3. 正式开始阶段（15 分钟）

儿童分为 4 组，每组站成 1 路纵队，所有儿童手上拿着篮球，每纵队的排头站在标志桶的后面（起点），起点和终点相距 5 米，终点用呼啦圈围着沙包，儿童需要从起点开始拍球到终点拿取沙包，再拍球回到起点放置沙包，并和同伴击掌。

4. 临近结束阶段（5 分钟）

在没有老师的带领下，发出开始的指令，观察儿童是否可以自己完成相应的动作。

5. 结束放松阶段（5 分钟）

播放音乐，带领儿童做拉伸瑜伽动作，同时询问物品大运送游戏的相关问题，以正向鼓励和安抚为主。

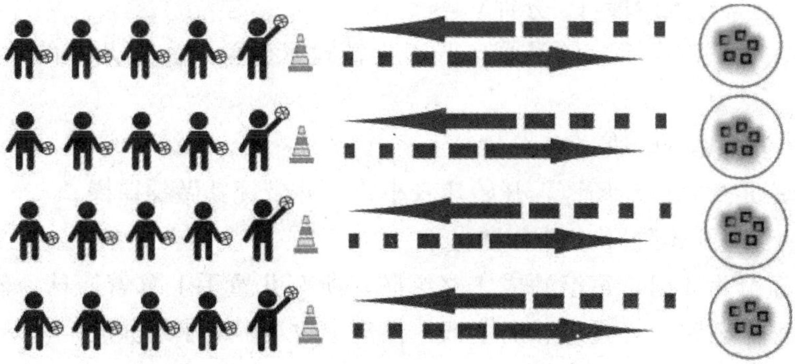

• 教学点和调整：

1. 在教授拍球技术的过程中，应注重提高儿童的社交技能，如与同伴的合作、互动击掌、呐喊加油，创建其与同伴沟通交流的机会。

2. 在教学过程中，可以添加物品的种类、数量和颜色，增加趣味性。

3. 在执行时，可以适当降低或提高难度，如可以从起点滚篮球到终点，再拍球回到起点等。

活动二：小小投篮王

本课程的学习内容是投篮，投篮是篮球基本技术之一，是篮球比赛中最为精彩的部分，也是一项简单易学的体育项目。在教学过程中，注重寓游戏于教学，调动儿童的学习兴趣，提升儿童目标行为和视觉追踪能力，让其感受体育的快乐。

• 年龄范围：

本课程内容适合 3～10 岁的自闭症儿童，参与课程的儿童身体健康状况良好，没有会影响参与体育活动的身体障碍，并能够参加运动技能评估。

• 器材要求：

• 5 号篮球若干个、儿童篮球筐 4 个。

• 体育活动目标：

技能：能独立地对准篮筐进行投篮。

体适能：能发展儿童上肢力量，增强手腕控球的能力，提升儿童视觉追踪能力。

• 社会技能目标：

儿童能积极参与活动，并听从教师的指令和安排完成活动。在参与的过程中，儿童预判目标，并能做出对应的反应，感受到快乐。

• 方法过程：

1. 前景导入阶段（5 分钟）

引入《灌篮高手》的漫画，开展投篮技术教学，激发儿童的学习兴趣，吸引其注意力。

2. 集合热身阶段（10 分钟）

带领儿童到运动场地，开始热身小跑，并带领其做韵律操。

3. 正式开始阶段（15 分钟）

儿童分为 4 组，每组站成 1 路纵队，所有儿童手上拿着篮球，然后往篮球筐投篮，教师计算投进球的个数，投进个数最多的小组获胜。

4. 临近结束阶段（5 分钟）

在没有老师的带领下，发出开始的指令，观察儿童是否可以自己完成相应的动作。

5. 结束放松阶段（5 分钟）

播放音乐，带领儿童做拉伸瑜伽动作，同时询问小小投篮王游戏的相关问题，以正向鼓励和安抚为主。

• 教学点和调整

1. 在执行活动时，可以适当降低或提高难度，如用小皮球、软式排球、软式垒球、塑料球等替代篮球，调整儿童与篮球筐的距离等，提高儿童的学习兴趣。

2. 在本活动的基础上，可以适当改编，如把固定的篮球筐换成呼啦圈，教师或家长手持呼啦圈，并上下移动呼啦圈（移动篮球筐），锻炼儿童预判能力、视觉追踪能力等。

活动三：障碍运球

本课程内容是足球运球，运球是足球基本的技术之一，也是一项易于操作的项目。在基本运球的基础上，添加障碍物，让儿童进行障碍运球，提高控球能力和身体协调性。在教学过程中，以游戏贯穿于教学，让儿童通过游戏习得技能，培养儿童集体主义精神，体验快乐和成功。

• 年龄范围：

本课程内容适合 3～10 岁的自闭症儿童，参与课程的儿童身体健康状况良好，没有会影响参与体育活动的身体障碍，并能够参加运动技能评估。

• 器材要求：

• 儿童足球和标志桶若干个。

• 体育活动目标：

技能：能掌握足球运球技术，并能进行障碍运球。

体适能：能发展儿童身体协调性，增强腿部肌肉力量，提高儿童控球能力，发展核心区域的稳定性。

• 社会技能目标：

儿童能积极参与活动，并听从教师的指令和安排完成活动。在参与的过程中，儿童能与同伴合作完成，并能感受到快乐。

• 方法过程：

1. 前景导入阶段（5 分钟）

引入与 C 罗和梅西有关的漫画，引起儿童的学习兴趣。

2. 集合热身阶段（10 分钟）

带领儿童到运动场地，开始热身小跑，并带领其做韵律操。

3. 正式开始阶段（15 分钟）

儿童分成 4 组，每组站成 1 路纵队，每队排头拿着足球站在起点。当听到“开始”的指令时，排头绕标志桶运球到终点，然后跑步抱球回起点并与同伴击掌传递球，以此类推进行，直到最后一名同伴完成任务。

4. 临近结束阶段（5 分钟）

在没有老师的带领下，发出开始的指令，观察儿童是否可以自己完成相应的动作。

5. 结束放松阶段（5 分钟）

播放音乐，带领儿童做拉伸瑜伽动作，同时询问障碍运球游戏的相关问题，以正向鼓励和安抚为主。

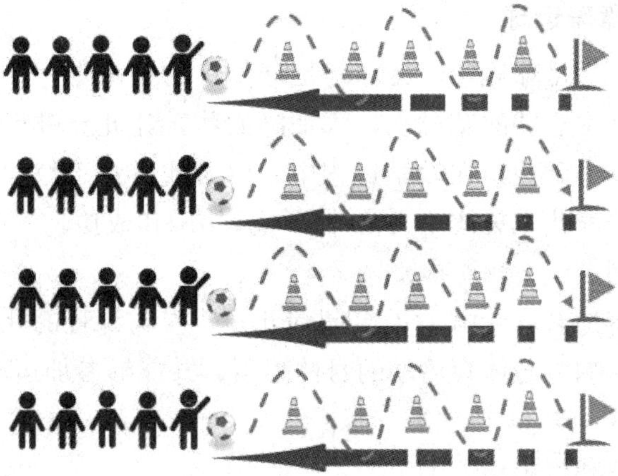

• 教学点和调整：

1. 在执行时，可以适当降低或提高游戏的难度，如适当增加或减少标志桶的数量，用标志盘替代标志桶等。

2. 在执行时，可以在绕障碍物运球结束后，增加任务点，如进行定点射门、运球射门等。

活动四：多样垫球

本课程的学习内容是垫球，垫球是排球基本技术之一，也是一项简单易学的体育项目。在教学过程中，注重寓游戏于教学，调动儿童的学习兴趣，培养儿童团结协作的集体主义精神，同时让儿童体验快乐和成功。

• 年龄范围：

本课程内容适合 3～10 岁的自闭症儿童，参与课程的儿童身体健康状况良好，没有会影响参与体育活动的身体障碍，并能够参加运动技能评估。

• 器材要求：

• 气球和标志桶若干个。

• 体育活动目标：

技能：能进行多部位（头部、手臂、大腿、脚部）垫球。

体适能：能发展儿童上肢力量，提高身体协调性，让儿童有意识地控制球，发展运动知觉。

• 社会技能目标：

在参与游戏过程中，儿童能听从教师的指令，与同伴积极地合作完成，并能感受到快乐。

• 方法过程：

1. 前景导入阶段（5 分钟）

引入《排球女将》的漫画，引起儿童的学习兴趣。

2. 集合热身阶段（10 分钟）

带领儿童到运动场地，开始热身小跑，并带领其做韵律操。

3. 正式开始阶段（15 分钟）

儿童分成 4 组，每组站成 1 路纵队，每组由 2 人合作进行垫球接力。每队排头拿着气球站在起点，当听到“开始”的指令时，2 人通过头部、手臂、大腿、脚部等部位的配合垫球到终点，然后再垫球回到起点并与其他同伴击掌，以此类推，直到最后一名同伴完成任务。

4. 临近结束阶段（5 分钟）

在没有老师的带领下，发出开始的指令，观察儿童是否可以和同伴完成相应的动作。

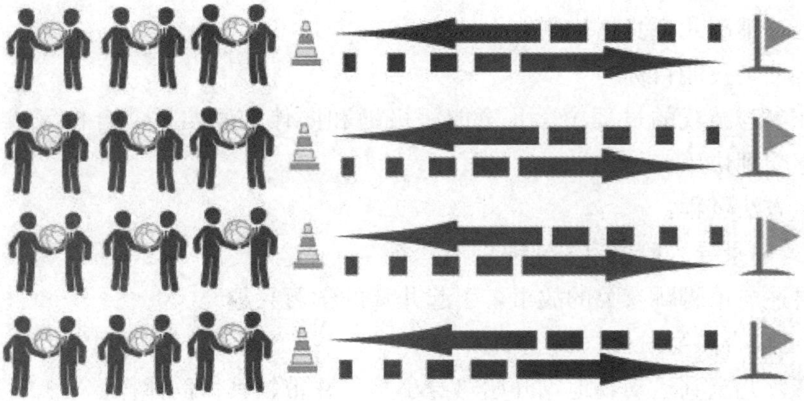

5. 结束放松阶段（5 分钟）

播放音乐，带领儿童做拉伸瑜伽动作，同时询问多样垫球游戏的相关问题，以正向鼓励和安抚为主。

• 教学点和调整

1. 在活动过程中，应强调与同伴的合作，互动击掌、呐喊加油，创建与同伴沟通交流的机会。

2. 在执行时，可以适当调整难度，如可用气排球、公园排球等软式排球或硬式排球替代气球，又如可以规定垫球的部位。

第三节 平衡类体育活动

活动一：小小搬运工

本课程的学习内容是单脚跳，通过单脚跳，锻炼儿童的平衡能力和身体协调性，发展下肢力量，同时注重寓游戏于教学，调动儿童的学习兴趣，感受体育的快乐。

• 年龄范围：

本课程内容适合 3～10 岁的自闭症儿童，参与课程的儿童身体健康状况良好，没有会影响参与体育活动的身体障碍，并能够参加运动技能评估。

• 器材要求：

小垫子和沙包若干个、收纳篮 4 个。

• 体育活动目标：

技能：能独立进行连续性地单脚跳。

体适能：能锻炼儿童的平衡能力和身体协调性，增强儿童腿部肌肉力量和耐力，提高儿童身体控制能力。

• 社会技能目标：

在参与游戏的过程中，儿童能积极地和同伴鼓励击掌、合作完成游戏，同时感受到快乐。

• 方法过程：

1. 前景导入阶段（5 分钟）

讲述与单脚跳有关的故事，引起儿童的学习兴趣。

2. 集合热身阶段（10 分钟）

带领儿童到运动场地，开始热身小跑，并带领其做韵律操。

3. 正式开始阶段（15 分钟）

儿童站在起点，当听到“开始”的指令后，进行单脚跳，依次在垫子上跳，到达终点后，拿取沙包，再单脚跳返回到起点，与同伴击掌后把沙包放入收纳篮，以此类推，直至最后一名儿童完成任务。

4. 临近结束阶段（5 分钟）

在没有老师的带领下，发出开始的指令，观察儿童是否可以和同伴完成相应的动作。

5. 结束放松阶段（5 分钟）

播放音乐，带领儿童做拉伸瑜伽动作，同时询问小小搬运工游戏的相关问题，以正向鼓励和安抚为主。

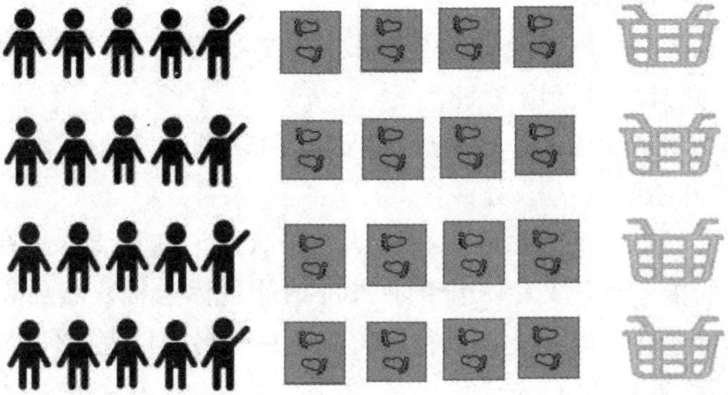

• 教学点和调整：

1. 在教学过程中，可以适当播放轻松明快的音乐，营造愉悦的课堂氛围。

2. 在执行活动时，可以适当降低或提高难度，如缩短/延长垫子的距离或减少/增加垫子的数量，在终点放置多样的物品，通过单脚跳运送物品等。

活动二：牵手搭桥过河

本课程的学习内容是篮球拍球，拍球是篮球基本技术之一，也是一项易于操作的项目。在拍球的基础上，添加障碍物，让儿童进行合作，牵手搭桥拍球，发展儿童平衡能力，提高控球能力和身体协调性。在教学过程中，以游戏贯穿于教学，鼓励同伴合作，互相帮助，体验快乐和成功。

• 年龄范围：

本课程内容适合 3～10 岁的自闭症儿童，参与课程的儿童身体健康状况良好，没有会影响参与体育活动的身体障碍，并能够参加运动技能评估。

• 器材要求：

5 号篮球和标志桶若干。

• 体育活动目标：

技能：能掌握篮球拍球技术，牵手搭桥越过标志桶。

体适能：能发展儿童平衡能力，提高身体协调性，提高儿童控球的稳定性，提升运动知觉。

• 社会技能目标：

在参与游戏的过程中，儿童能与同伴牵手合作完成，互相帮助与鼓励，并能感受到快乐。

• 方法过程：

1. 前景导入阶段（5 分钟）

引入《灌篮高手》的漫画，引起儿童的学习兴趣。

2. 集合热身阶段（10 分钟）

带领儿童到运动场地，开始热身小跑，并带领其做韵律操。

3. 正式开始阶段（15 分钟）

儿童分成 4 组，每组站成 1 路纵队，每队排头拿着篮球站在起点。当听到“开始”的指令时，2 人一组牵手搭桥拍球过标志桶，然后返回起点，并与同伴击掌传递球，以此类推进行，直到最后一名同伴完成任务。

4. 临近结束阶段（5 分钟）

在没有老师的带领下，发出开始的指令，观察儿童是否可以和同伴完成相应的动作。

5. 结束放松阶段（5 分钟）

播放音乐，带领儿童做拉伸瑜伽动作，同时询问牵手搭桥过河游戏的相关问题，以正向鼓励和安抚为主。

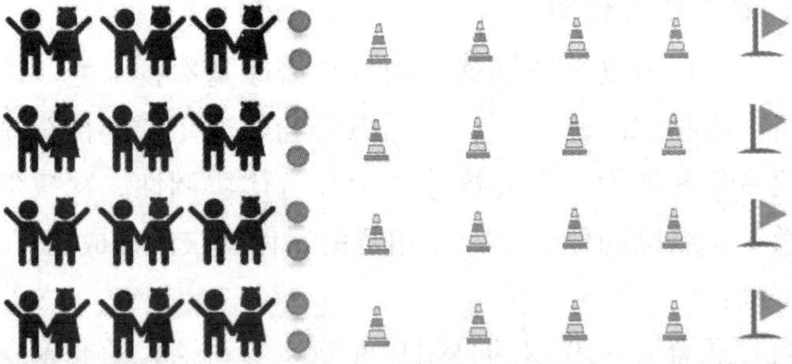

• 教学点和调整：

1. 在活动过程中，应强调与同伴的合作，互相帮助、互动击掌、呐喊加油，创建与同伴沟通交流的机会。

2. 在执行活动时，可以适当降低和提高游戏的难度，如适当增加或减少标志桶的数量、用标志盘替代标志桶等。

活动三：众人拾柴

本课程内容是足球运球，运球是足球基本的技术之一，也是一项易于操作的项目。在教学过程中，以游戏贯穿于教学，让儿童通过游戏习得技能，发展儿童的身体平衡能力，培养儿童团队合作意识，使其体验成功和快乐。

• 年龄范围：

本课程内容适合 3～10 岁的自闭症儿童，参与课程的儿童身体健康状况良好，没有会影响参与体育活动的身体障碍，并能够参加运动技能评估。

• 器材要求：

儿童足球、收纳篮和标志桶各 4 个，呼啦圈 8 个，沙包若干个。

• 体育活动目标：

技能：能掌握足球运球技术，动作协调和连贯。

体适能：能发展儿童身体平衡能力，提高身体协调性，有意识地进行目标性运球，提升肌肉本体感觉。

• 社会技能目标：

在参与游戏的过程中，儿童主动地与同伴合作完成，并做出拥抱、击掌鼓励等积极性行为，感受快乐。

• 方法过程：

1. 前景导入阶段（5 分钟）

引入与足球运球有关的漫画，引起儿童的学习兴趣。

2. 集合热身阶段（10 分钟）

带领儿童到运动场地，开始热身小跑，并带领其做韵律操。

3. 正式开始阶段（15 分钟）

儿童分成 4 组，每组站成 1 路纵队，每队第一位儿童拿着足球站在标志桶的后面。当听到开始的指令时，第一位儿童运球到指定的呼啦圈处放球，然后从中心圆圈拿沙包，再把沙包拿到起点的呼啦圈，把沙包传递给同伴并且与同伴击掌，将沙包放到收纳篮里，以此类推进行，直到最后一名同伴完成任务。

4. 临近结束阶段（5 分钟）

在没有老师的带领下，发出开始的指令，观察儿童是否可以和同伴完成相应的动作。

5. 结束放松阶段（5 分钟）

播放音乐，带领儿童做拉伸瑜伽动作，同时询问众人拾柴游戏的相关问题，以正向鼓励和安抚为主。

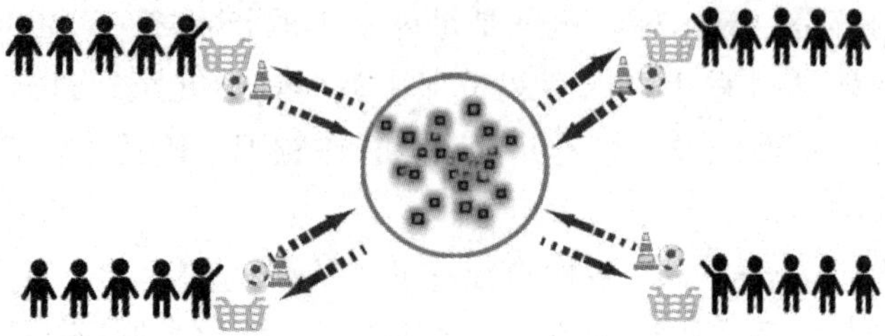

• 教学点和调整：

1. 在活动过程中，强调运球接力与同伴击掌互动，让儿童感受集体的力量。

2. 在执行活动的过程中，可以添加物品的种类、颜色等，例如添加五颜六色的塑料保龄球、标识盘、垒球等，增加游戏的趣味性。

主要参考文献

[1] 陈顺森，白学军，张日昇. 自闭症谱系障碍的症状、诊断与干预 [J]. 心理科学进展，2011（1）：60-72.

[2] 陈华卫. 美国《残疾青少年健康体适能测试标准》研究及启示 [J]. 上海体育学院学报，2017（3）：23-34.

[3] 陈佩杰，王人卫，胡琪琛，等. 健康体适能评定理论与方法 [M]. 哈尔滨：黑龙江科学技术出版社，2005.

[4] 陈为玮，朱小烽，张虹雷. 自闭症谱系障碍儿童运动功能评估与干预研究进展 [J]. 中国体育科技，2022（6）：1-7.

[5] 董奇，淘沙. 动作与心理发展 [M]. 北京：北京师范大学出版社，2004.

[6] Greg P，耿培新，梁国立. 人类动作发展概论 [M]. 北京：人民教育出版社，2008.

[7] 李博，刘阳，陈思同，等. 儿童青少年基本运动技能测评工具研究及启示 [J]. 上海体育学院学报，2018（03）：8-16，28.

[8] 美国精神医学学会. 精神障碍诊断与统计手册 [M]. 张道龙，译. 北京：北京大学出版社，2016.

[9] 庞艳丽，卜瑾，董良山. 自闭症谱系障碍儿童动作发展障碍研究述评 [J]. 中国特殊教育，2018（4）：46-52.

[10] 全海英，刘旭阳，孔维峰.《国民体质测定标准》（幼儿部分）实施中的问题分析 [J]. 体育学刊，2013（5）：59-63.

[11] 五彩鹿儿童行为矫正中心，五彩鹿（北京）技术培训有限责任公司. 中国自闭症教育康复行业发展状况报告 [M]. 北京：北京师范大学出版社，2015.

[12] 吴升扣，姜桂萍. 儿童早期动作发展测量的研究进展 [J]. 北京体育大学学报，2014（4）：81-87.

[13] 吴雪萍. 适应体育概论 [M]. 北京：高等教育出版社，2015.

[14] 武丽杰. 孤独症儿童的预后及影响因素 [J]. 中国学校卫生，2010

(2)：129-130.

［15］张磊，王丹丹，吴雪萍. 美国《适应体育教育评估量表（第 2 版）》的解读及其启示［J］. 首都体育学院学报，2019（6）：553-559.

［16］朱琳，苏煜. 美国青少年体适能测试解析［J］. 广州体育学院学报，2019（1）：98-102.

［17］American Psychiatric Association. Diagnostic and statistical manual of mental disorders IV-TR［M］. 4th ed. Washington，D. C.：American Psychiatric Association，2000.

［18］American Psychiatric Association. Diagnostic and statistical manual of mental disorders-5［M］. 5th ed. Washington D. C.：American Psychiatric Association，2013.

［19］Arnell S，Jerlinder K，Lundqvist L O. Perceptions of physical activity participation among adolescents with autism spectrum disorders：a conceptual model of conditional participation［J］. Journal of autism and developmental disorders，2018，48：1792-1802.

［20］Allen K，Bredero B，Damme TV，et al. Test of gross motor development-3（TGMD-3）with the use of visual supports for children with Autism Spectrum Disorder：validity and reliability［J］. Journal of autism and developmental disorders，2017，47：813-833.

［21］Bhat A N，Landa R J，Galloway J C. Current perspectives on motor functioning in infants，children，and adults with autism spectrum disorders［J］. Physical therapy，2011，91：1116-1129.

［22］Blagrave A J，Colombo-Dougovito A M. Experiences participating in community physical activity by families with a child on the autism spectrum：a phenomenological inquiry［J］. Advances in neurodevelopmental disorders，2019，3：72-84.

［23］Blagrave J. Experiences of children with autism spectrum disorders in adapted physical education［J］. European journal of adapted physical activity，2017，10：17-27.

［24］Bremer E，Crozier M，Lloyd M. A systematic review of the behavioural outcomes following exercise interventions for children and youth with autism spectrum disorder［J］. Autism，2016，20：899-915.

[25] Banda D，Copple K，Kaul R，et al. Video modelling interventions to teach spontaneous requesting using AAC devices to individuals with autism：a preliminary investigation [J]. Disability and rehabilitation，2010，32（16）：1364-1372.

[26] Black K，Williamson D. Designing inclusive physical activity games [M]. UK：Grower，2011.

[27] Chang C H，Wade M G，Stoffregen T A . Visual tasks and postural sway in children with and without autism spectrum disorders [J]. Research in developmental disabilities，2010，31：1536-1542.

[28] Clark J E，Metcalfe J S. The mountain of motor development：a metaphor [J]. Motor development：research and reviews，2002，2：163-190.

[29] Chen A Y，Kim S E，Houtrow A J，et al. Prevalence of obesity among children with chronic conditions [J]. Obesity，2010，18：210-213.

[30] Chonchaiya W，Nuntnarumit P，Pruksananonda C. Comparison of television viewing between children with autism spectrum disorder and controls [J]. Acta paediatrica，2011，100：1033-1037.

[31] Colombo-Dougovito A M，Lee J. Social skill outcomes following physical activity-based interventions for individuals on the Autism Spectrum：a scoping review spanning young childhood through young adulthood [J]. Adapted physical activity quarterly（APAQ），2020，38.

[32] Curtin C，Jojic M，Bandini L G. Obesity in children with autism spectrum disorders [J]. Harvard review of psychiatry，2014，22：93.

[33] Dong L，Shen B，Pang Y，et al. FMS Effects of a Motor Program for Children with Autism Spectrum Disorders [J]. Perceptual and motor skills，2021，128：1421-1442.

[34] Esposito G，Venuti P，Maestro S. An exploration of symmetry in early autism spectrum disorders：analysis of lying [J]. Brain and development，2009，31：131-138.

[35] EsentÜrk O K. Parents’ perceptions on physical activity for their children with autism spectrum disorders during the novel coronavirus outbreak [J]. International journal of developmental disabilities，2021，67：446-457.

[36] Fournier K A, Kimberg C I, Radonovich K J, et al. Decreased static and dynamic postural control in children with autism spectrum disorders [J]. Gait posture, 2010, 32: 6-9.

[37] Folio M, Fewell R F. Peabody developmental motor scales [M]. 2nd ed, New York: Austin TX, 2000.

[38] Fang Q, Aiken C A, Fang C, et al. Effects of exergaming on physical and cognitive functions in individuals with Autism Spectrum Disorder: a systematic review [J]. Games for health journal, 2019, 8: 74-84.

[39] Green D, Charman T, Pickles A, et al.. Impairment in movement skills of children with autistic spectrum disorders [J]. Developmental medicine and child neurology, 2009, 4: 311-316.

[40] Gernsbacher M A, Sauer E A, Geye H M, et al. Infant and toddler oral-and manual-motor skills predict later speech fluency in autism [J]. Journal of child psychology psychiatry, 2008, 49: 43-50.

[41] Gitimoghaddam M, Vanderloo L, Hung R, et al. Impacts of Participation in Community-based Physical Activity Programs on Cognitive Functions of Children and Youth with Neurodevelopmental Disabilities: a Scoping Review [J]. Brain sciences, 2021, 11: 195.

[42] Graham G, Holt/Hale S, Parker M. Children moving: reflective approach to teaching physical education [M]. 9th ed. New York: McGraw-Hill, 2013.

[43] Grenier M. Physical education for students with autism spectrum disorders: a comprehensive approach [M]. Champaign, I L: Human Kinetics, 2014.

[44] Grenier M, Yeaton P. Previewing: a successful strategy for students with autism [J]. Journal of Physical Education, Recreation and Dance, 2011, 82: 28-33.

[45] Henderson S E, Sugden D A, Barnett A L. Movement assessment battery for children-2 examiner' s manual [M]. London: Harcourt Assessment, 2007.

[46] HEALY S, MSETFI R, GALLAGHER S. "Happy and a bit nervous": The experiences of children with autism in physical education [J]. British Journal of Learning Disabilities, 2013, 41: 222-228.

[47] Healy S, Nacario A, Braithwaite R E, et al. The effect of physical activity interventions on youth with autism spectrum disorder: a meta-analysis [J]. Autism res, 2018, 11: 818-833.

[48] Haywood K M, Getchell N. Life span motor development [M]. 5th ed. Champaign, IL: Human Kinetics, 2009.

[49] Jones R A, Downing K, Rinehart N J, et al. Physical activity, sedentary behavior and their correlates in children with autism spectrum disorder: a systematic review [J]. Plos one, 2017, 12.

[50] James S, et al. Chelation for autism spectrum disorder (ASD) [J]. Cochrane database of systematic reviews, 2015, 5.

[51] Kim H, Carlson A G , Curby T W. Relations among motor, social, and cognitive skills in pre-kindergarten children with developmental disabilities [J]. Research in developing disabilities, 2016, 53: 43-60.

[52] Kahathuduwa C N, West B D, Blume J, et al. The risk of overweight and obesity in children with autism spectrum disorders: a systematic review and meta-analysis [J]. Obesity reviews, 2019, 20: 1667-1679.

[53] Khader W, Pehlivan A. Parent perceptions of barriers to physical activity for children with autism spectrum disorders [J]. Swed J Sci Res, 2016, 3: 12-18.

[54] Koegel L K, Koegel R L, Harrower J K, et al. Pivotal response intervention : overview of approach [J]. Research and practice for persons with severe disabilities, 1999, 24 (3): 174-185.

[55] Krishnaswami S, McPheeters M L, Veenstra-Vanderweele J. A systematic review of secretin for children with autism spectrum disorders [J]. Pediatrics, 2011, 127 (5): 1322-1325.

[56] Lamb P, Firbank D, Aldous D. Capturing the world of physical education through the eyes of children with autism spectrum disorders [J]. Sport, education and society, 2016, 21: 698-722.

[57] Lawson L M, Bandy M, Kadolph A, et al. The descriptive study of concerns of parents of children with ASD and factors related to obesity [J]. Therapeutic recreation journal, 2019, 53: 117-131.

[58] Liang X, Li R, Wong S H, et al. Accelerometer-measured physical activity levels in children and adolescents with autism spectrum disorder: a systematic review [J]. Preventive medicine reports, 2020, 19.

[59] Lobenius-palmÉr K, SjÖqvist B, Hurtig-wennlÖf A, et al. Accelerometer-assessed physical activity and sedentary time in youth with disabilities [J]. Adapted physical activity quarterly, 2018, 35: 1-19.

[60] David L. Fundamental movement skills in children and adolescents: review of associated health benefits [J]. Sports medicine, 2010, 40 (12): 1019-1035.

[61] Levy S E, et al. Use of complementary and alternative medicine among children recently diagnosed with autistic spectrum disorder [J]. Journal of developmental and behavioral pediatrics, 2003, 24 (6): 418-423.

[62] Mari M, Castiello U, Marks D, et al. The reach-to-grasp movement in children with autism spectrum disorder [J]. Philosophical transactions of the royal society b-biological sciences, 2003, 358: 393-403.

[63] Macdonald M, Lord C, Ulrich D A. The relationship of motor skills and social communicative skills in school-aged children with autism spectrum disorder [J]. Adapted physical activity quarterly, 2013, 3: 271-282.

[64] May T, Rinehart N, Barnett L, et al. "We're doing AFL Auskick as well": experiences of an adapted football program for children with autism [J]. Journal of motor learning and development, 2018, 6: 130-146.

[65] Nichols C, Block M E, Bishop J C, et al. Physical activity in young adults with autism spectrum disorder: Parental perceptions of barriers and facilitators [J]. Autism, 2018, 23: 1398-1407.

[66] Nefdt N, Koegel R, Singer G, et al. The use of a self-directed learning program to provide introductory training in pivotal response treatment to parents of children with autism [J]. Journal of positive behavior interventions, 2010, 12 (1): 23-32.

[67] Ozonoff S, Young G S, Goldring S, et al. Gross motor development, movement abnormalities, and early identification of autism [J]. Journal of autism and developmental disorders, 2008, 38: 644-656.

［68］Obrusnikova I，Miccinello D L. Parent perceptions of factors influencing after-school physical activity of children with autism spectrum disorders [J]. Adapted physical activity quarterly，2012，29：63-80.

［69］Pan C Y. Effects of water exercise swimming program on aquatic skills and social behaviors in children with autism spectrum disorders [J]. Autism，2010，14：9-28.

［70］Pan C Y. The efficacy of an aquatic program on physical fitness and aquatic skills in children with and without autism spectrum disorders [J]. Research in Autism Spectrum Disorders，2011，5：657-665.

［71］Perrin J M. Complementary and alternative medicine use in a large pediatric autism sample [J]. Pediatrics，2013，130：77-82.

［72］Robinson S E. Teaching paraprofessionals of students with autism to implement pivotal response treatment in inclusive school settings using a brief video feedback training package [J]. Focus on autism and other developmental disabilities，2011，26：105-118.

［73］Staples K L，Reid G. Fundamental movement skills and autism spectrum disorders [J]. Journal of autism and developmental disorders，2010，40：209-217.

［74］Stins J F，Emck C，Vries E M，et al. Attentional and sensory contributions to postural sway in children with autism spectrum disorder [J]. Gait&posture，2015，42：199-203.

［75］Srinivasan S M，Pescatello L S，Bhat A N. Current perspectives on physical activity and exercise recommendations for children and adolescents with autism spectrum disorders [J]. Physical therapy，2014，94：875-889.

［76］Stanish H，Curtin C，Must A，et al. Enjoyment，barriers，and beliefs about physical activity in adolescents with and without autism spectrum disorder [J]. Adapted physical activity quarterly，2015，32：302-317.

［77］Sathe N. Nutritional and dietary interventions for Autism Spectrum Disorder：a systematic review [J]. Pediatrics，2017，39（6）：e20170346.

［78］Sherer M R，Schreibman L. Individual behavioral profiles and predictors of treatment effectiveness for children with autism [J]. Journal of consulting and clinical psychology, 2005, 73 (3): 525.

[79] Stahmer A C. Teaching symbolic play skills to children with autism using pivotal response training [J]. Journal of autism and developmental disorders, 1995, 25 (2), 123-141.

[80] Stevenson P. Disability and youth sport [M] // H. Fitzgerald . The pedagogy of inclusive youth sport. London: Routledge, 2009: 119-131.

[81] Travers B G, Powell P S, Klinger LG, et al. Motor difficulties in autism spectrum disorder: linking symptom severity and postural stability [J]. Journal of autism and developmental disorders, 2013, 43: 1568-1583.

[82] Ulrich D A. Test of gross motor development [M]. 3rd ed. Austin: Pro-ed publisher, 2016.

[83] Wuang Y P, Wang C C, Huang M H, et al. The effectiveness of simulated developmental horse-riding program in children with autism [J]. Adapted physical activity quarterly, 2010, 27: 113-126.

[84] Williams K, Wray J A, Wheeler D M. Intravenous secretin for autism spectrum disorders (ASD) [J]. Cochrane database of systematic review, 2012 (4): CD003495.

[85] Yessick A B, Haegele J A, Zhu X, et al. Exploring the experiences of children with ASD in self-contained physical education: a modified scrapbooking study [J]. Advances in neurodevelopmental disorders, 2020, 4: 51-58.

附　　录

体育活动中常用器材示例表

标志桶	标志盘	标志杆	标志线
	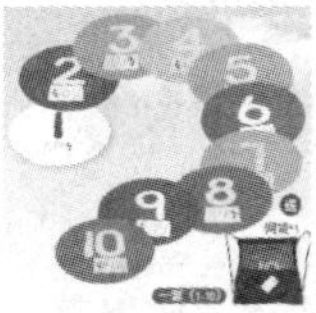		
儿童篮球	儿童足球	儿童软球、羊角球	软式垒球

彩色网球	气球	儿童保龄球	儿童羽毛球拍
	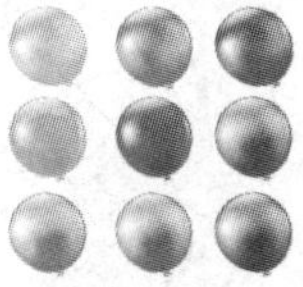		
乒乓球拍	乒乓球	收纳筐	小凳子
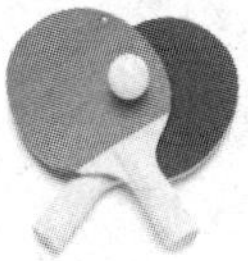			

续　表

呼啦圈	沙包	小音响	手摇铃
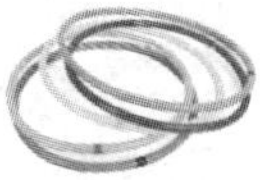			
手摇鼓	儿童拱门	儿童塑料跨栏	绳梯

儿童平衡触觉板	儿童哑铃	儿童防滑瑜伽垫	儿童平衡板
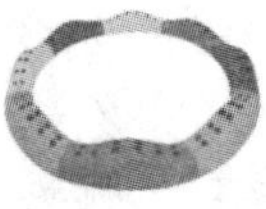	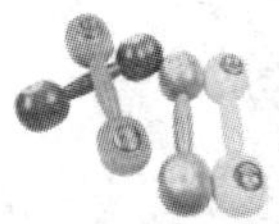